2권 단모음

SUPER MAGIC PHONICS

슈퍼 매직 파닉스 학습 로드맵

Let's Go!

첫 파닉스, 캐릭터 소리로 즐겁게 시작해요!

파닉스, 왜 중요할까요?

'파닉스'는 글자와 소리의 관계를 배우는 학습법이에요. 글자 소리를 익히고 그 소리들을 조합해서 단어를 읽을 수 있도록 도와주지요. 영어를 시작하는 아이들이 파닉스를 배우면 처음 보는 영어 단어도 쉽게 소리 내어 읽을 수 있답니다. 특히 단어를 통째로 외우기보다, 아이가 스스로 단어를 읽는 힘을 기를 수 있어 영어 학습 초기에 더욱 효과적이에요.

알파벳 캐릭터 친구들과 함께 재미있게 파닉스를 익혀요!

파닉스를 배울 때 기본은 알파벳 26글자의 대표 소리를 익히는 거예요. 《슈퍼 매직 파닉스》에는 알파벳 글자의 대표 소리를 내는 캐릭터들이 등장해요. 예를 들어, a 캐릭터는 앰뷸런스의 사이렌이 울리듯 '애' 소리를 내고, m 캐릭터는 맛있는 음식 냄새를 맡는 것처럼 '음' 소리를 내요. 알파벳 캐릭터 친구들이 내는 소리를 재미있게 따라하다 보면, 알파벳 글자의 대표 소리를 쉽게 기억할 수 있어요.

동영상 속 노래를 신나게 따라 부르면 단어가 술술 읽혀요!

영어를 시작하는 아이들에게는 의미 있는 학습 놀이를 통해 흥미를 끌어주는 것이 중요해요. 《슈퍼 매직 파닉스》는 알파벳 캐릭터 친구들이 나오는 216편의 노래와 챈트 동영상, 그리고 책 속 다양한 학습 놀이 활동으로 파닉스를 즐겁게 배울 수 있습니다. 개성 넘치는 알파벳 캐릭터 친구들의 노래와 챈트를 따라 부르다 보면 어느새 글자 소리가 입에 착 붙고, 단어가 술술 읽히게 될 거예요. 또, 책에서 스티커 붙이기와 글자 쓰기 활동으로 글자와 소리의 관계를 한 번 더 확인할 수 있어요.

《슈퍼 매직 파닉스》는 아이들이 글자를 보고 자신 있게 소리 내어 읽을 수 있는 힘을 길러줍니다. 알파벳 캐릭터 친구들과 함께 신나는 첫 파닉스를 시작해 보세요!

- 슈퍼홈스쿨연구소 -

슈퍼 파닉스 학습 가이드

단모음이 뭐예요?

영어 알파벳 26글자에는 모음과 자음이 있어요. 모음은 a, e, i, o, u 이렇게 5글자이고, 나머지 글자들은 모두 자음이에요. 이 모음들은 여러 소리를 낼 수 있는데, 그중 a(애), e(에), i(이), o(아), u(어)처럼 짧게 소리 나는 모음을 **단모음**이라고 해요.

블렌딩(blending)으로 단어를 읽어요!

블렌딩은 각 글자의 소리를 부드럽게 이어서 읽는 방법이에요. 영어 단어를 읽으려면 블렌딩을 잘 알아야 해요. 먼저 am을 블렌딩으로 소리 내어 읽어 봅시다. am은 단모음 a의 '애' 소리와 자음 m의 '음' 소리를 부드럽게 이어서 '애음' 소리가 나고, 빠르게 '앰' 소리가 나요.

/애/ /음/ /앰/

이제 블렌딩을 활용해서 ham이라는 단어를 읽어 볼까요? ham은 자음 h의 'ㅎ' 소리와 am의 '앰' 소리를 부드럽게 이어서 '햄'이라고 읽어요.

/ㅎ/ /앰/ /햄/

이렇게 am 소리를 한 덩어리로 익히면 ram, jam처럼 am이 들어간 다른 단어들도 쉽게 읽을 수 있어요. 블렌딩을 잘 연습하면 어떤 단어도 스스로 읽을 수 있는 힘이 생겨요.

- 영어 발음을 쉽게 이해할 수 있도록 우리말로 표기했습니다. 정확한 발음은 동영상의 원어민 소리를 듣고 따라하며 익혀 주세요.

이렇게 공부해요

Step 1 소리 듣기

슈퍼 파닉스 친구들을 만나는 페이지입니다. QR 코드를 찍어 슈퍼 파닉스 친구들이 나오는 동영상을 보고, 노래를 따라 불러요.

• 한국어 가사로 노래를 익힌 후, 영어 가사로 신나게 따라 불러 보세요.

Step 2 소리 알기

Lesson Guide

레슨 가이드를 활용하여 아이와 대화를 나눠 보세요.

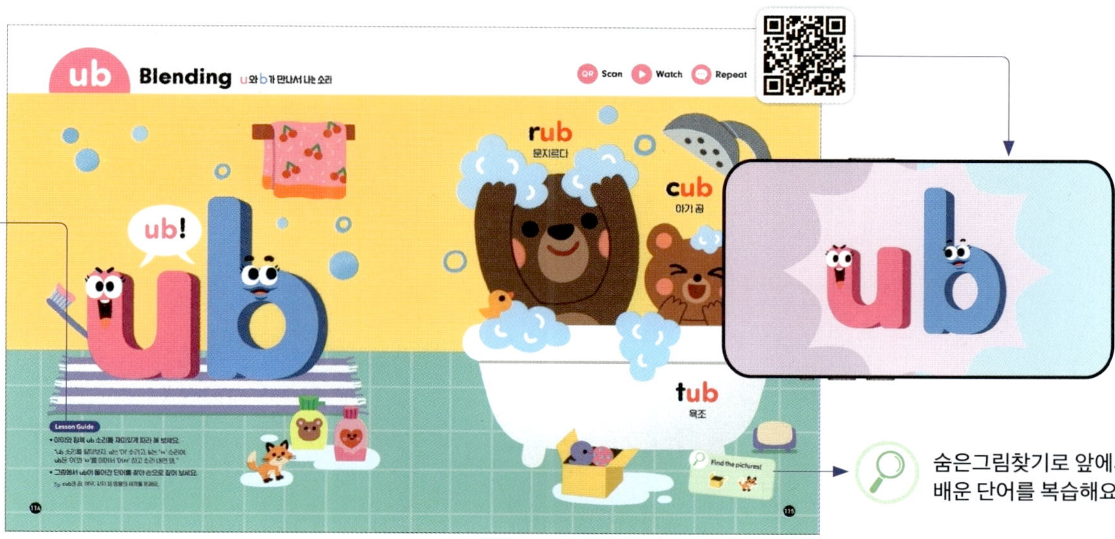

숨은그림찾기로 앞에서 배운 단어를 복습해요.

❶ **소리 알기** QR 코드를 찍어 동영상을 먼저 보세요. 슈퍼 파닉스 친구들이 내는 소리를 듣고 재미있게 따라하며 익혀요.

❷ **단어 알기** 일상에서 자주 사용하는 단어에서 오늘 배운 소리를 찾아보고, 큰 소리로 따라 읽어 보세요.

Step 3 단어 읽기

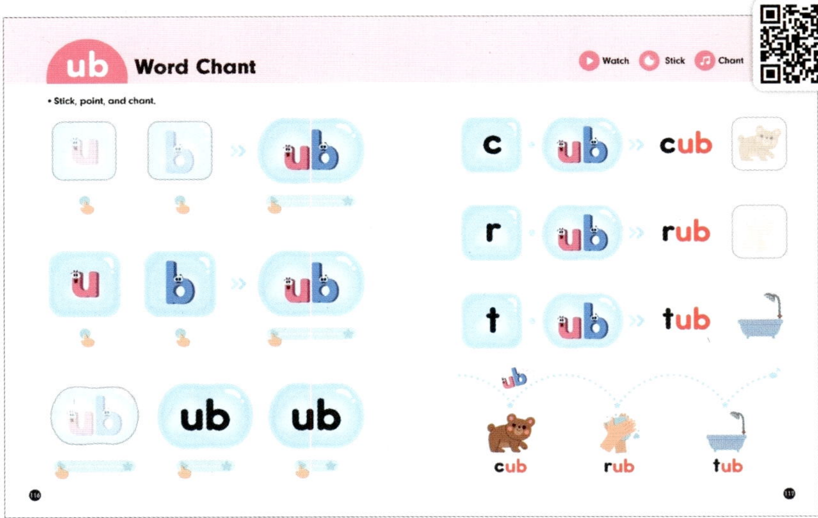

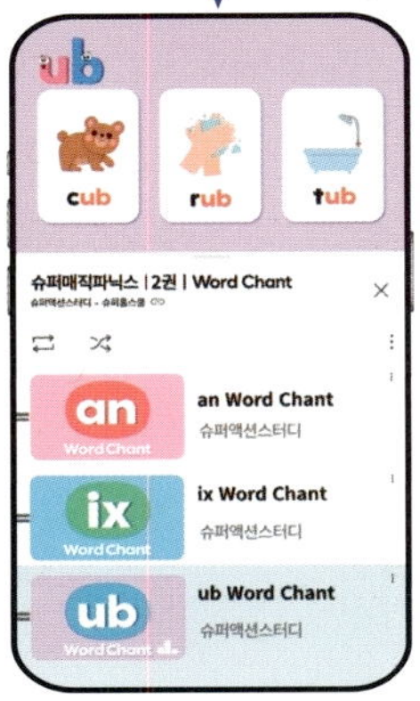

❶ **챈트 따라 부르기** QR 코드를 찍어 워드 챈트를 듣고 신나게 따라 불러요.

❷ **스티커 붙이기** 스티커를 붙이며 각 글자들이 만나 어떤 소리를 내는지 알고, 배운 소리가 들어간 단어를 읽어요.

Step 4 활동하기

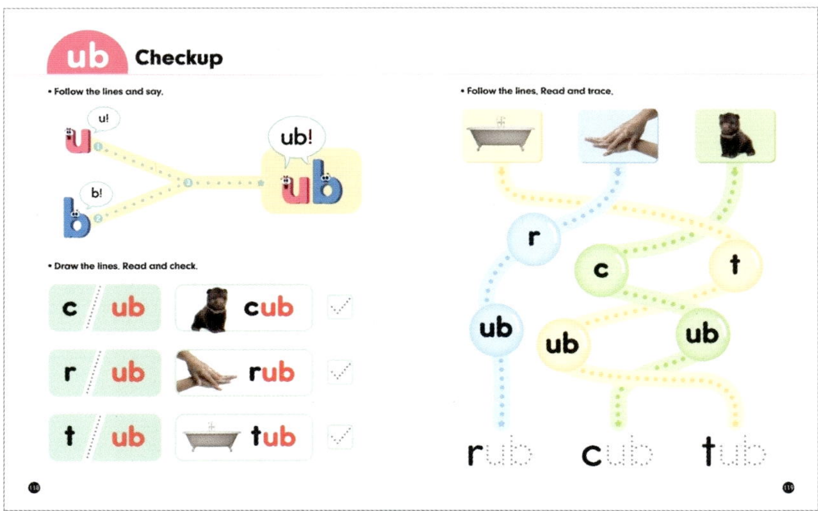

❶ **스스로 읽기** 선을 그어 블렌딩으로 글자 소리를 합쳐 단어를 읽어요.

❷ **스스로 쓰기** 완성된 글자를 스스로 따라 쓰며 단어를 익혀요.

Step 5 복습하기

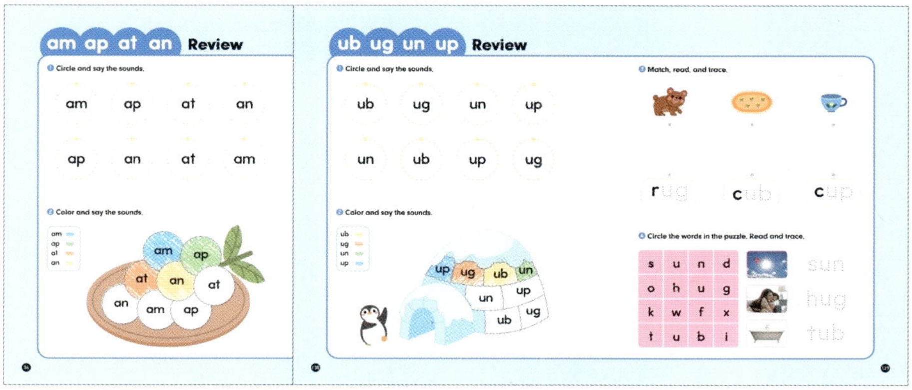

Review 앞에서 배운 소리와 단어를 복습해요. 다양한 연습문제를 풀어보며 글자와 소리를 연결하고, 단어를 읽어요.

Tracing Sounds 앞에서 배운 소리들을 읽고 따라 쓰면서 한 권을 마무리해요.

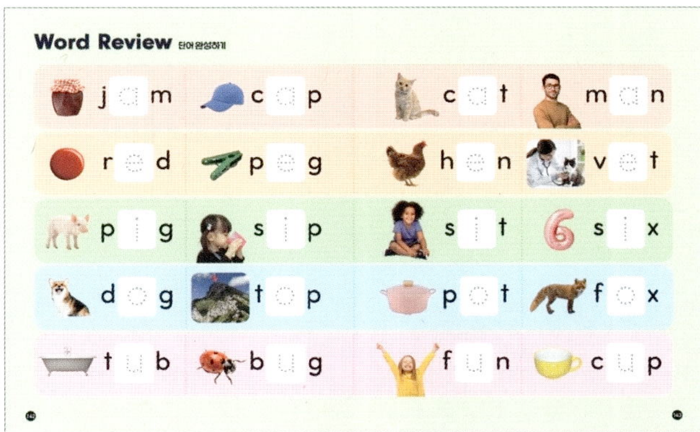

Word Review 단모음 소리가 들어간 단어를 읽고 쓰면서 한 권을 마무리해요.

Hide and Seek a, e, i, o, u 모음을 찾아 스티커 붙이기

한국어

모음을 찾아라

English

Hide and Seek

Blending Sounds 단모음 블렌딩

am ap

at an

ed eg

en et

ig ip

it ix

한국어

우리는 모음 aeiou

English

Short Vowels

og op

ot ox

ub ug

un up

am Blending a와 m이 만나서 나는 소리

Lesson Guide

- 아이와 함께 am 소리를 재미있게 따라 해 보세요.

  "am은 어떤 소리일까? a는 '애', m은 '음' 소리가 나.
  am은 '애'와 '음' 소리를 이어서 '애음', 빠르게 말하면 '앰' 소리가 돼!"

- 그림에서 am이 들어간 단어를 찾아 손으로 짚어 보세요.

  "ram이 냠냠, 밥을 먹으려나 봐. ham과 jam 맛있겠다!"

QR Scan ▶ Watch Repeat

am Word Chant

• Stick, point, and chant.

a m » am

a m » am

am am am

Watch Stick Chant

h am ham

j am jam

r am ram

ham

jam

ram

am Checkup

• Follow the lines and say.

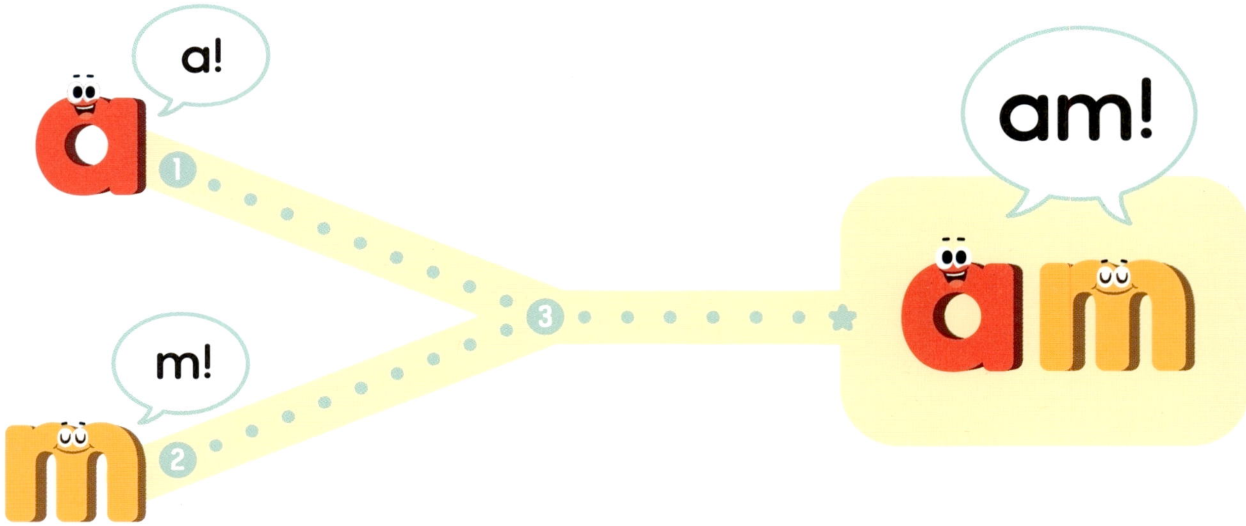

• Draw the lines. Read and check.

h / am

ham

j / am

jam

r / am

ram

• **Follow the lines. Read and trace.**

r h j

am am am

ham jam ram

ap Blending a와 p가 만나서 나는 소리

Lesson Guide

- 아이와 함께 ap 소리를 재미있게 따라 해 보세요.

  "ap은 a와 p 소리를 이으면 돼. a는 '애', p는 'ㅍ' 소리니까 '애ㅍ', 빠르게 말하면 '앺' 하고 소리 나!"

- 그림에서 ap이 들어간 단어를 찾아 손으로 짚어 보세요.

  "cap을 쓴 아이가 tap! tap! 북을 치고 있어."

QR Scan Watch Repeat

map
지도

cap
모자

tap
톡톡 치다

Find the pictures!

ap Word Chant

• **Stick, point, and chant.**

a p » ap

a p » ap

ap ap ap

Watch Stick Chant

c ap » cap 

m ap » map 

t ap » tap 

cap

map

tap

ap Checkup

• Follow the lines and say.

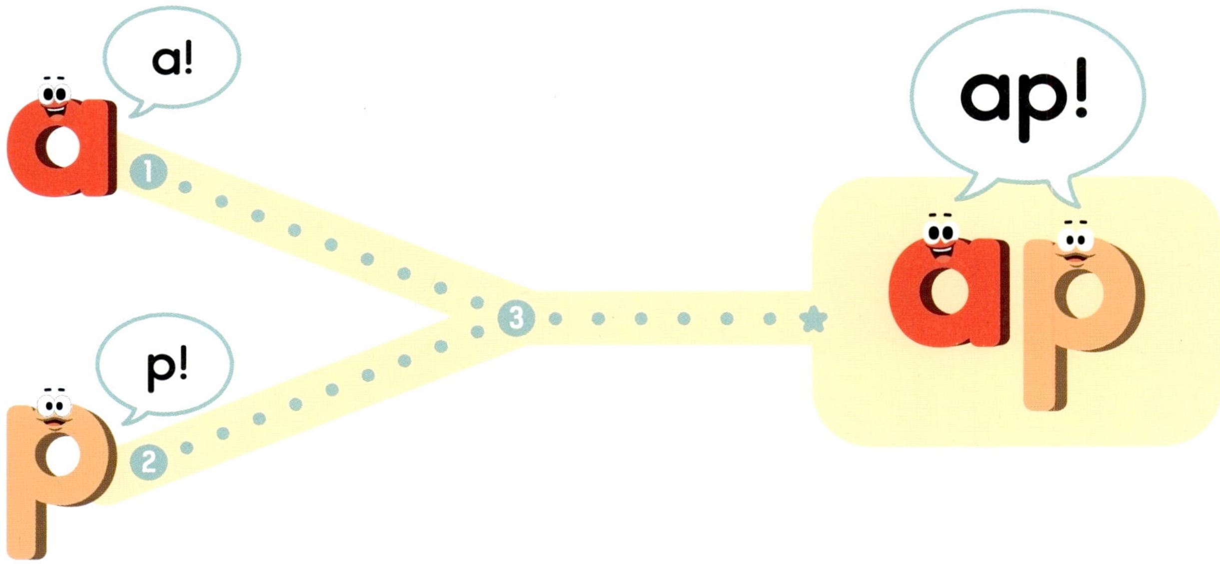

• Draw the lines. Read and check.

c / ap

cap

m / ap

map

t / ap

tap

• **Follow the lines. Read and trace.**

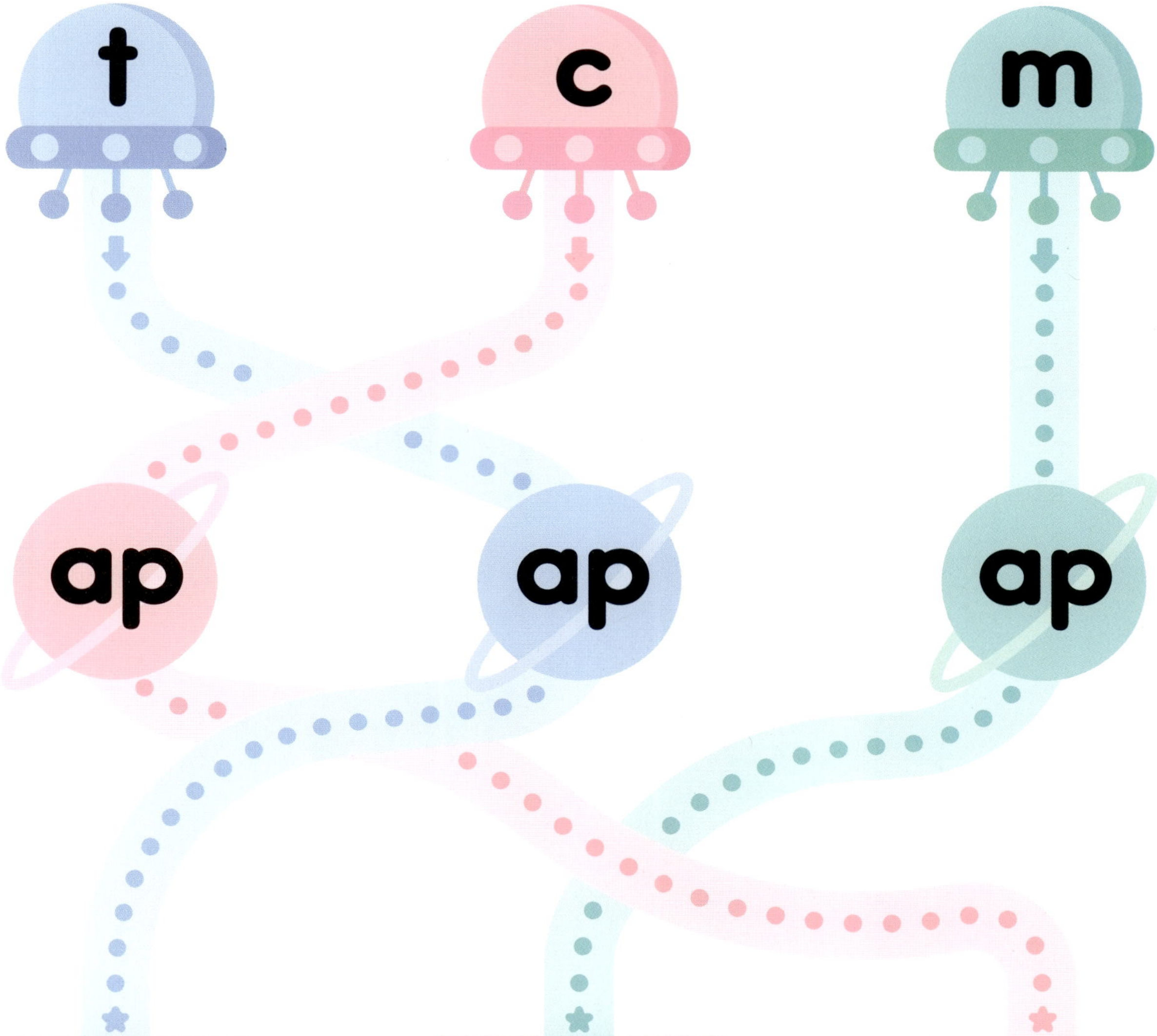

tap map cap

at Blending a와 t가 만나서 나는 소리

Lesson Guide

- 아이와 함께 at 소리를 재미있게 따라 해 보세요.

  "at은 어떤 소리가 날까? at은 a의 '애', t의 'ㅌ' 소리를 이어서 '애ㅌ' 하고 소리 나."

- 그림에서 at이 들어간 단어를 찾아 손으로 짚어 보세요.

  "귀여운 cat과 rat이 핼러윈 파티에 가나 봐. 사탕을 들고 가네!"

QR Scan Watch Repeat

at Word Chant

• Stick, point, and chant.

at

at

Watch Stick Chant

b at » bat 

c at » cat 

r at » rat 

bat

cat

rat

at Checkup

• Follow the lines and say.

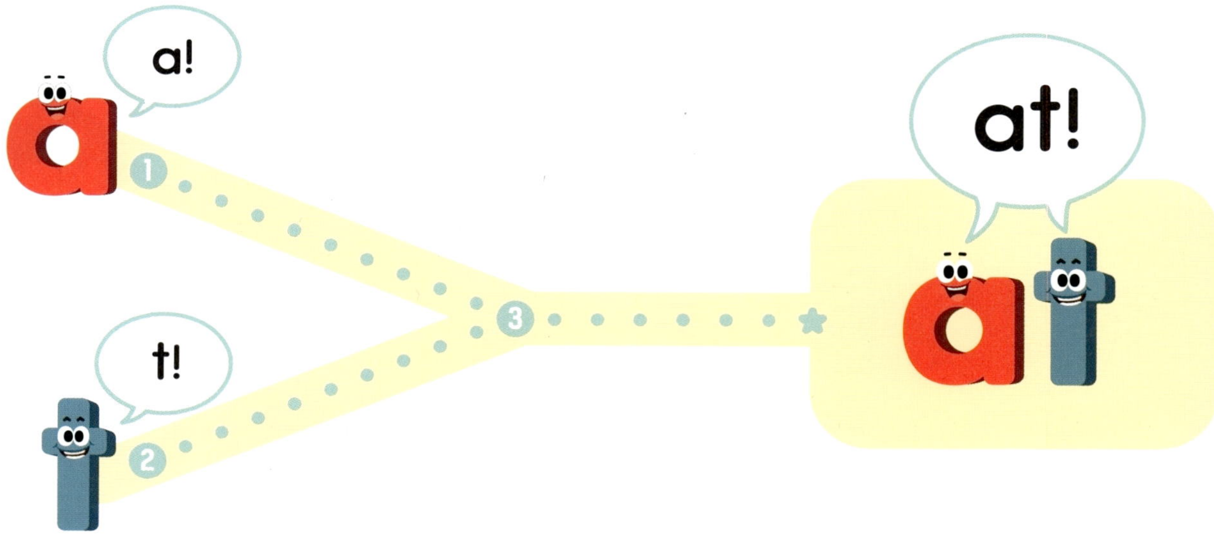

• Draw the lines. Read and check.

b / at

bat

c / at

cat

r / at

rat

• **Follow the lines. Read and trace.**

c	r	b
at	at	at

bat rat cat

an Blending a와 n이 만나서 나는 소리

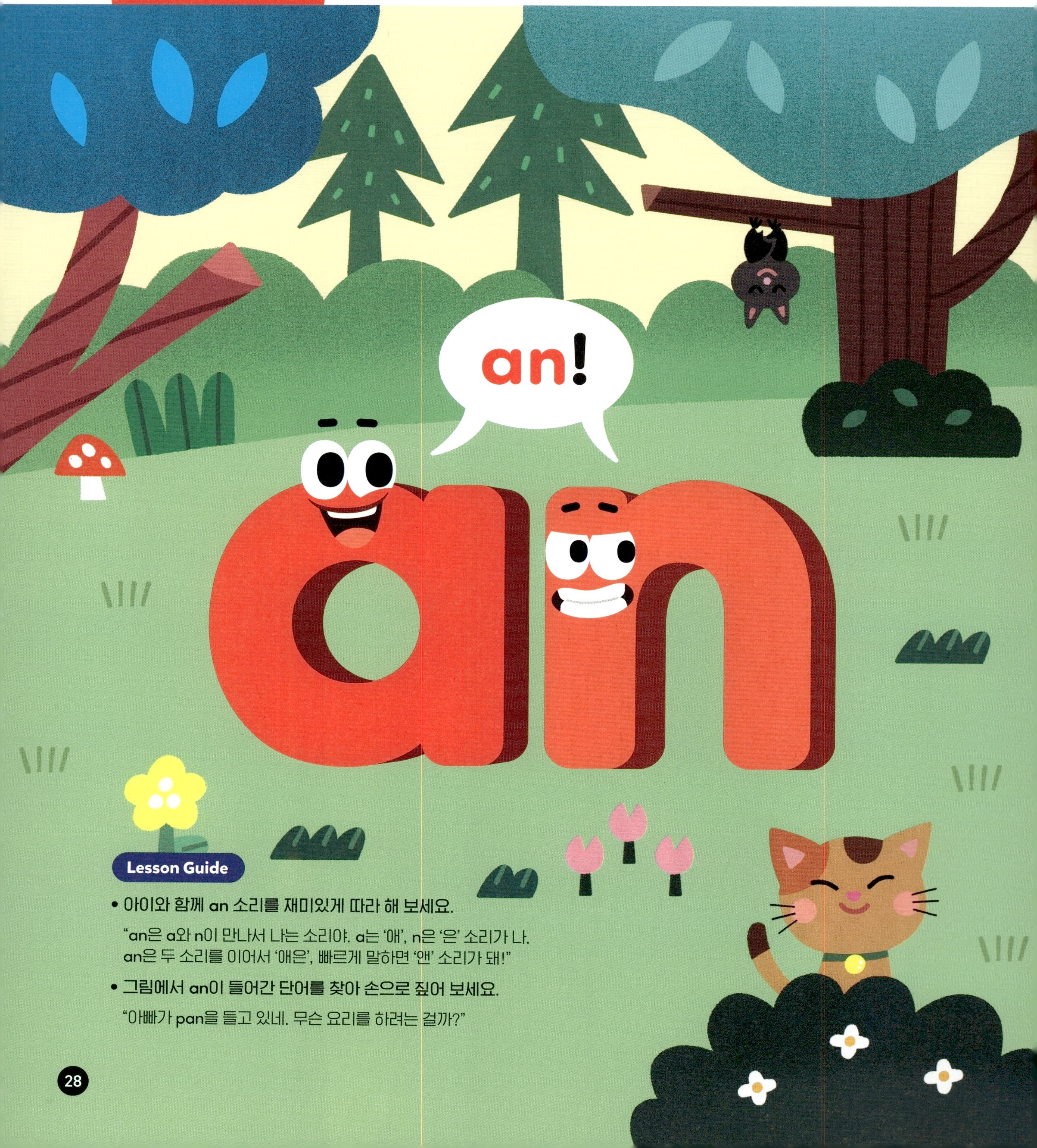

Lesson Guide

- 아이와 함께 an 소리를 재미있게 따라 해 보세요.

  "an은 a와 n이 만나서 나는 소리야. a는 '애', n은 '은' 소리가 나. an은 두 소리를 이어서 '애은', 빠르게 말하면 '앤' 소리가 돼!"

- 그림에서 an이 들어간 단어를 찾아 손으로 짚어 보세요.

  "아빠가 pan을 들고 있네. 무슨 요리를 하려는 걸까?"

QR Scan Watch Repeat

an Word Chant

• Stick, point, and chant.

Watch Stick Chant

c an » can 

m an » man 

p an » pan 

an

can

man

pan

an Checkup

• Follow the lines and say.

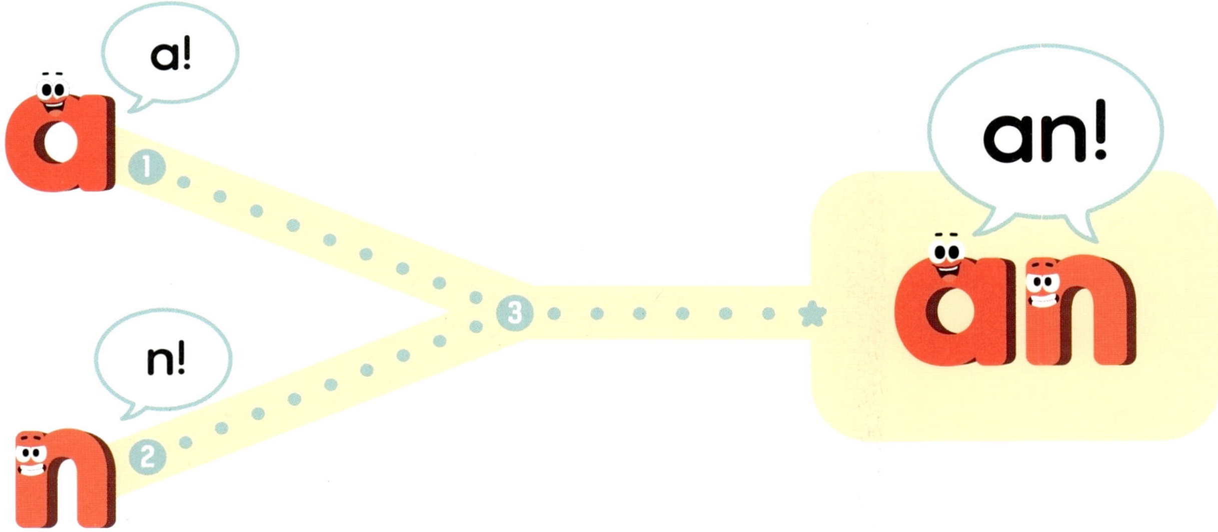

• Draw the lines. Read and check.

c / an

can

m / an

man

p / an

pan

• **Follow the lines. Read and trace.**

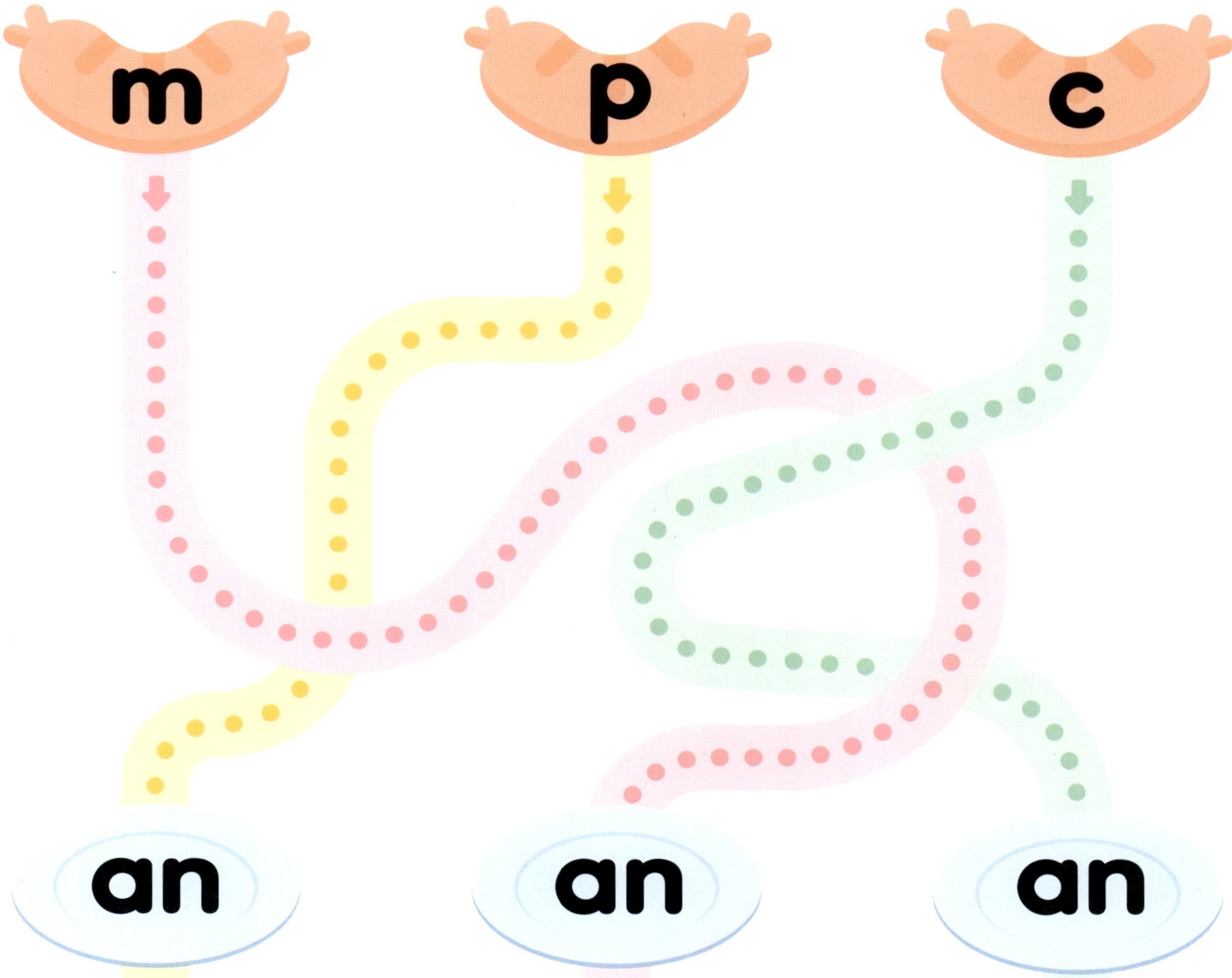

p an   m an   c an

am ap at an Review

❶ Circle and say the sounds.

am ap at an

ap an at am

❷ Color and say the sounds.

am
ap
at
an

3 **Match, read, and trace.**

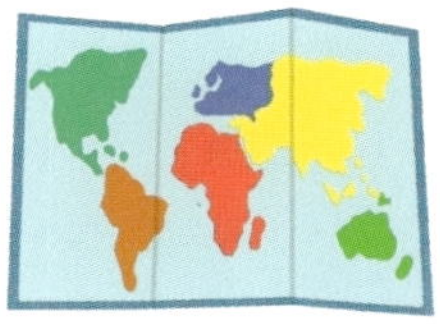

jam

map

cat

4 **Circle the words in the puzzle. Read and trace.**

q	m	a	n
r	a	t	o
y	z	b	w
g	t	a	p

man

rat

tap

ed Blending e와 d가 만나서 나는 소리

Lesson Guide

- **아이와 함께 ed 소리를 재미있게 따라 해 보세요.**

  "**ed**는 어떤 소리일까? **e**는 '에', **d**는 'ㄷ' 소리가 나. 그래서 **ed**는 '에'와 'ㄷ' 소리를 이어서 '에ㄷ' 하고 소리 내는 거야."

- **그림에서 ed가 들어간 단어를 찾아 손으로 짚어 보세요.**

  "귀여운 곰 인형이 **bed**에 누워 있어."

QR Scan · Watch · Repeat

bed

침대

red

빨간색

fed

먹이를 주었다
(feed의 과거)

ed Word Chant

• Stick, point, and chant.

ed

ed

Watch Stick Chant

b ed » bed 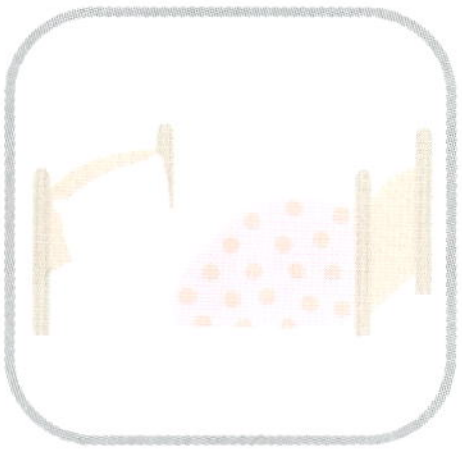

f ed » fed 

r ed » red 

bed

fed

red

ed Checkup

• Follow the lines and say.

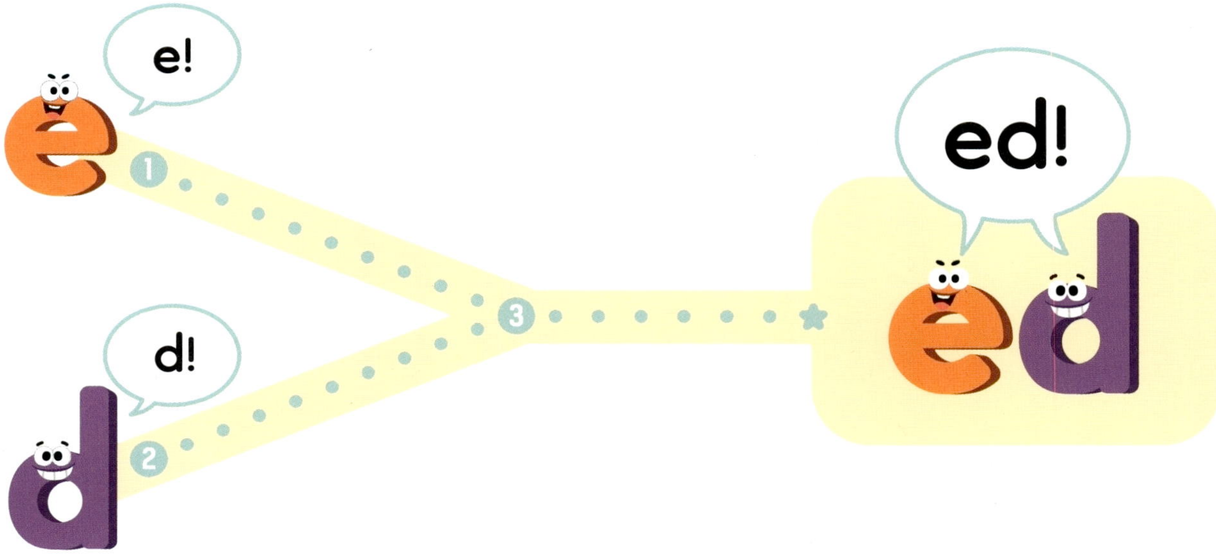

• Draw the lines. Read and check.

b / ed

bed

f / ed

fed

r / ed

red

• **Follow the lines. Read and trace.**

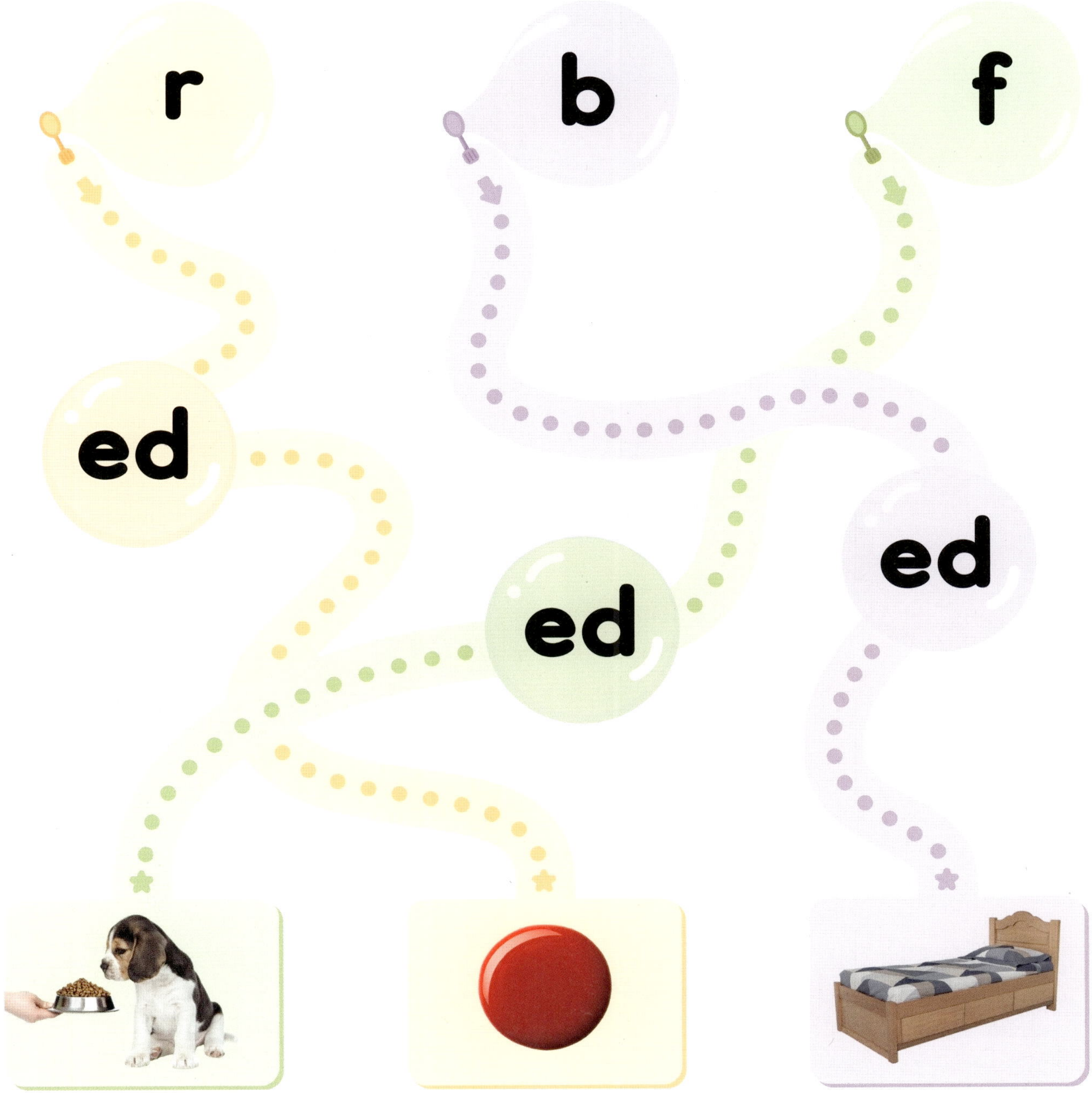

fed red bed

eg Blending e와 g가 만나서 나는 소리

Lesson Guide

- 아이와 함께 eg 소리를 재미있게 따라 해 보세요.

  "eg 소리를 알아보자. e는 '에', g는 'ㄱ' 소리야. 그래서 eg는 두 소리를 이어서 '에ㄱ' 하고 소리 나!"

- 그림에서 eg가 들어간 단어를 찾아 손으로 짚어 보세요.

  "여자아이처럼 한쪽 다리를 들어 봐! 그게 leg야!"

Scan Watch Repeat

eg Word Chant

• Stick, point, and chant.

Watch Stick Chant

k eg keg 

l eg leg 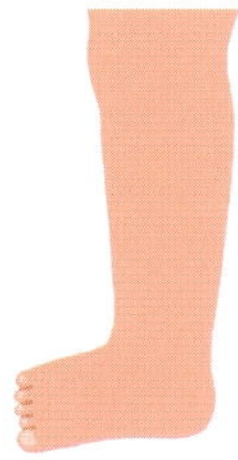

p eg peg 

eg

keg

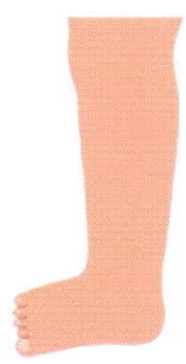

leg

peg

eg Checkup

• Follow the lines and say.

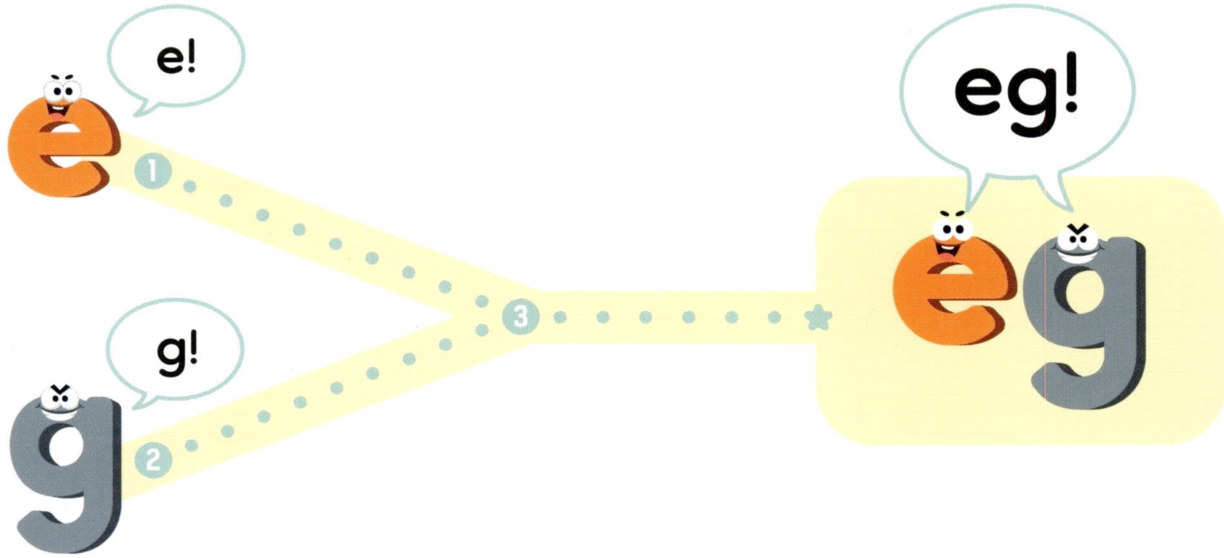

• Draw the lines. Read and check.

k / eg  keg ☐

l / eg 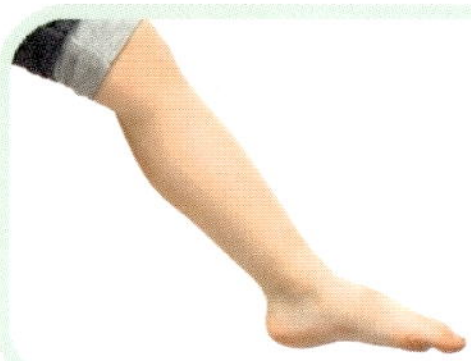 leg ☐

p / eg  peg ☐

• **Follow the lines. Read and trace.**

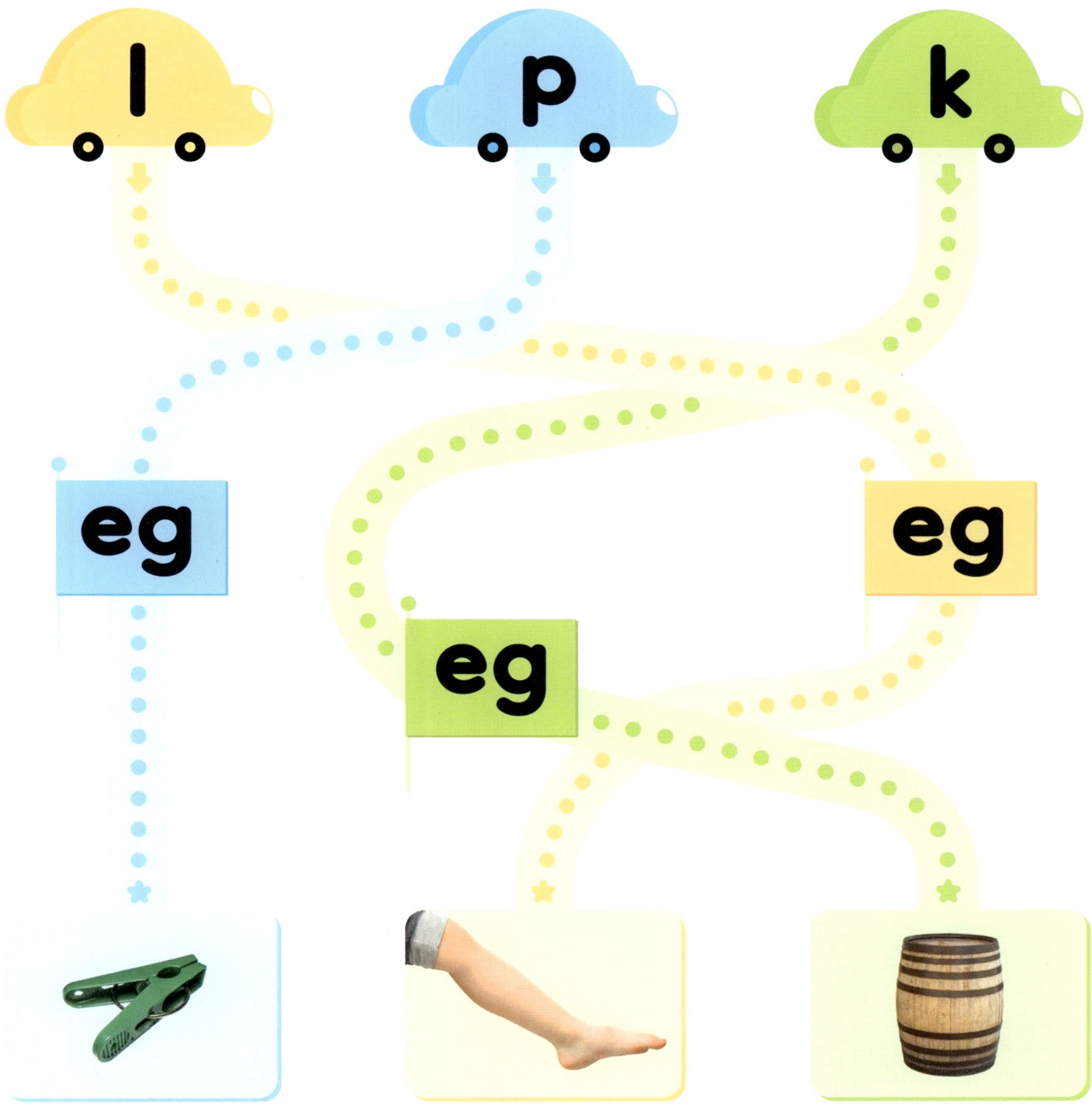

peg leg keg

en Blending e와 n이 만나서 나는 소리

Lesson Guide

- 아이와 함께 en 소리를 재미있게 따라 해 보세요.

  "en은 e의 '에'와 n의 '은' 소리를 이으면 돼. 그래서 en은 '에은' 소리가 되고, 빠르게 말하면 '엔' 소리야!"

- 그림에서 en이 들어간 단어를 찾아 손으로 짚어 보세요.

  "병아리가 pen을 들고 숫자 ten을 공부하나 봐!"

Scan Watch Repeat

en Word Chant

• Stick, point, and chant.

en

en

Watch Stick Chant

h en » hen 

p en » pen 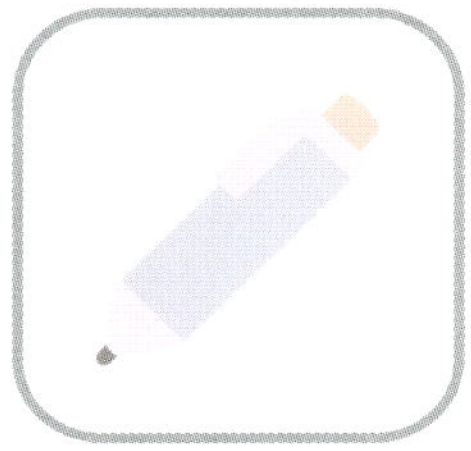

t en » ten 10

en

hen

pen

10

ten

en Checkup

• Follow the lines and say.

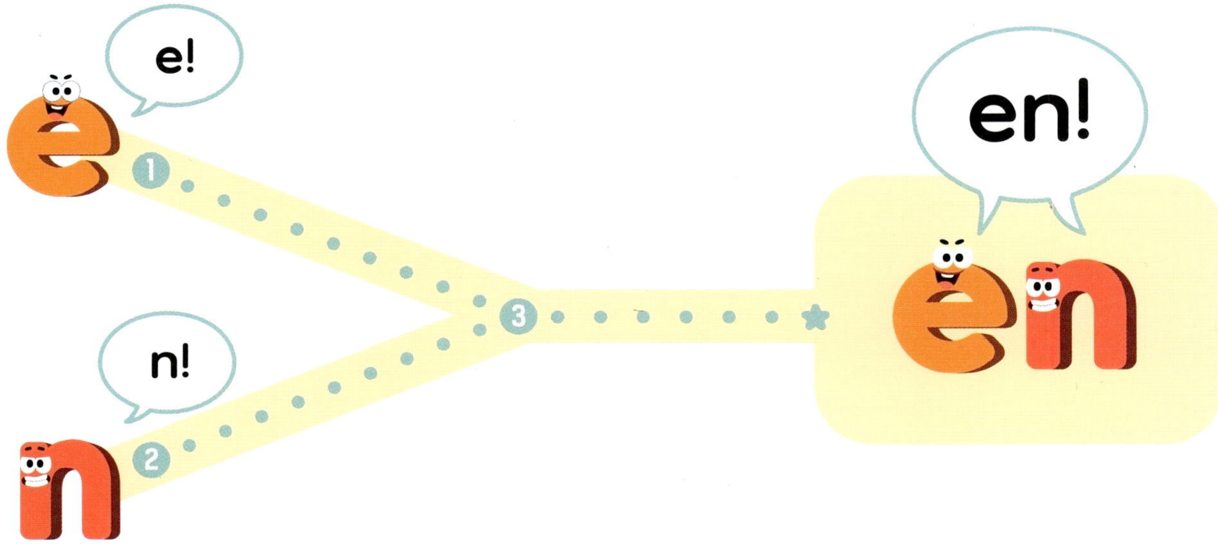

• Draw the lines. Read and check.

h / en

hen

p / en

pen

t / en

ten

- Follow the lines. Read and trace.

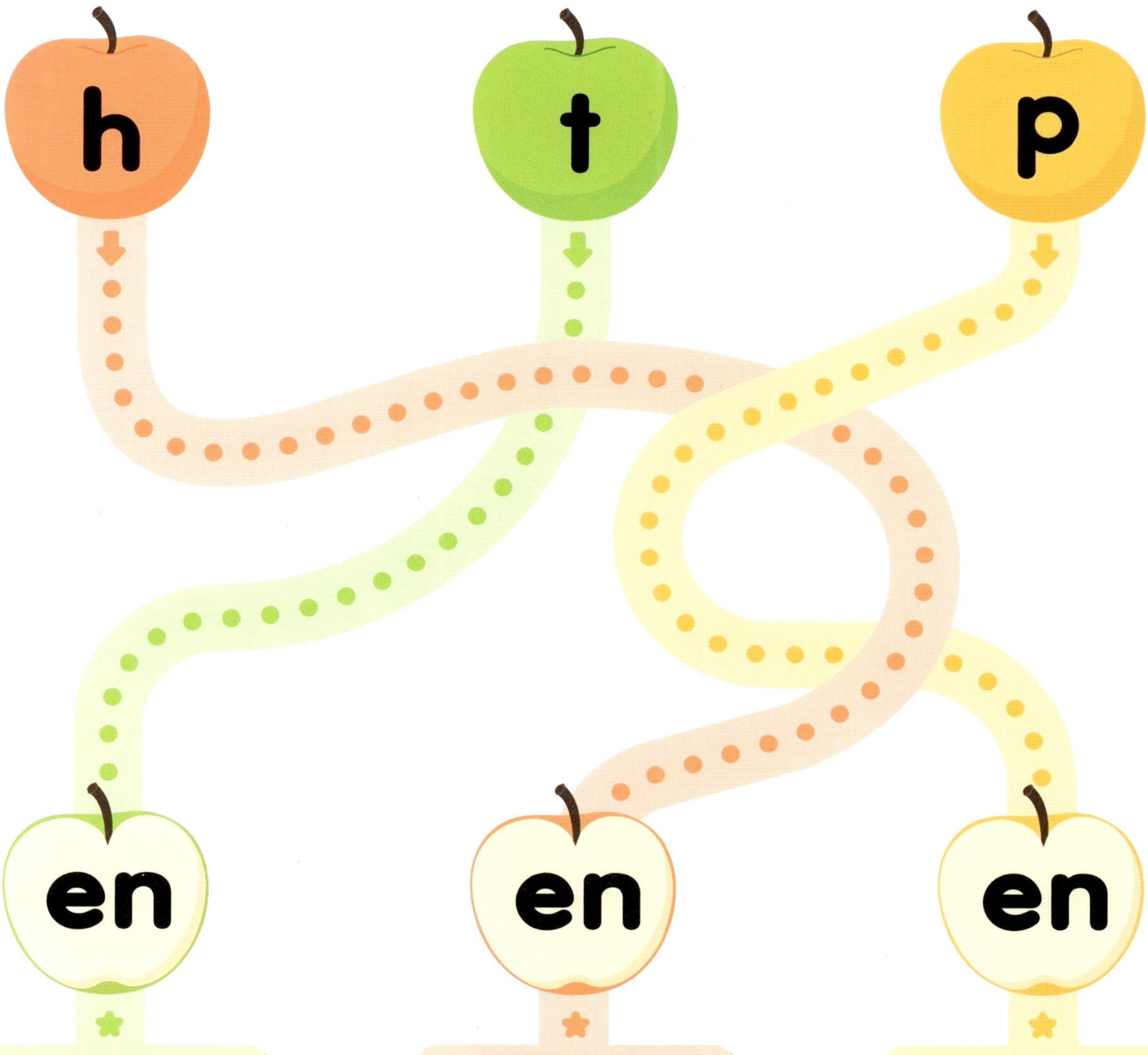

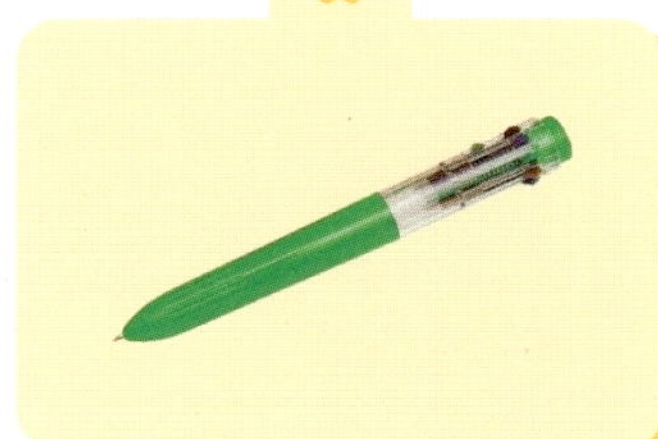

ten hen pen

et Blending e와 t가 만나서 나는 소리

Lesson Guide

- **아이와 함께 et 소리를 재미있게 따라 해 보세요.**

  "et은 e와 t가 만나서 나는 소리야. e는 '에', t는 'ㅌ' 소리였지! 그래서 et은 '에'와 'ㅌ' 소리를 이어서 '에ㅌ' 하고 소리 나."

- **그림에서 et이 들어간 단어를 찾아 손으로 짚어 보세요.**

  "강아지와 토끼, 고양이 모두 귀여운 pet이야."

QR Scan ▶ Watch Repeat

vet
수의사

wet
젖은

pet
반려동물

et Word Chant

• **Stick, point, and chant.**

Watch Stick Chant

p et » pet

v et » vet

w et » wet

pet

vet

wet

et Checkup

• Follow the lines and say.

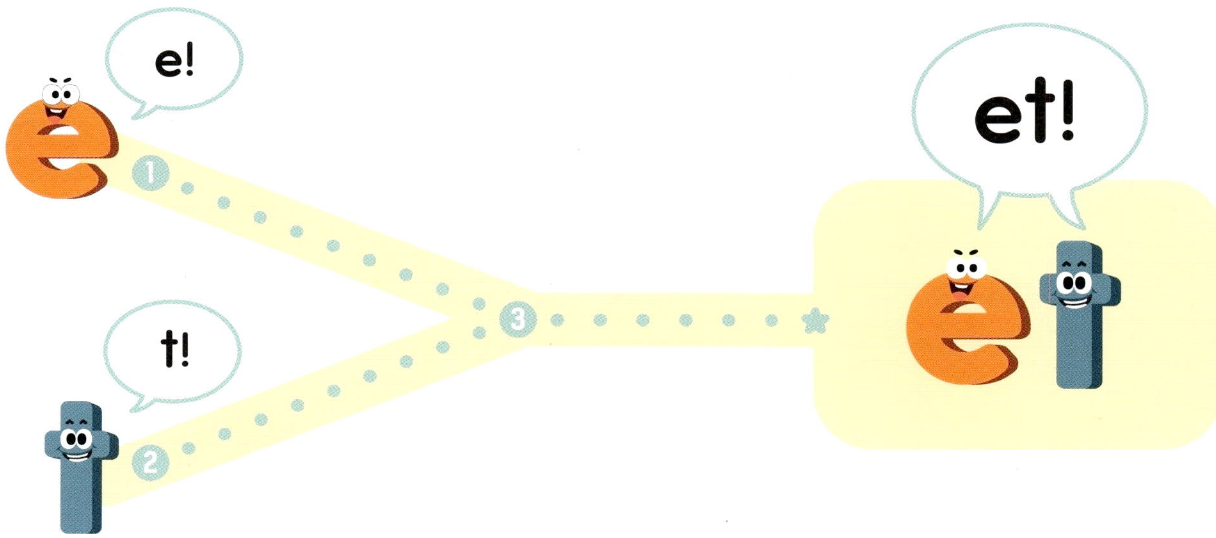

• Draw the lines. Read and check.

p / et  pet

v / et  vet

w / et  wet

• **Follow the lines. Read and trace.**

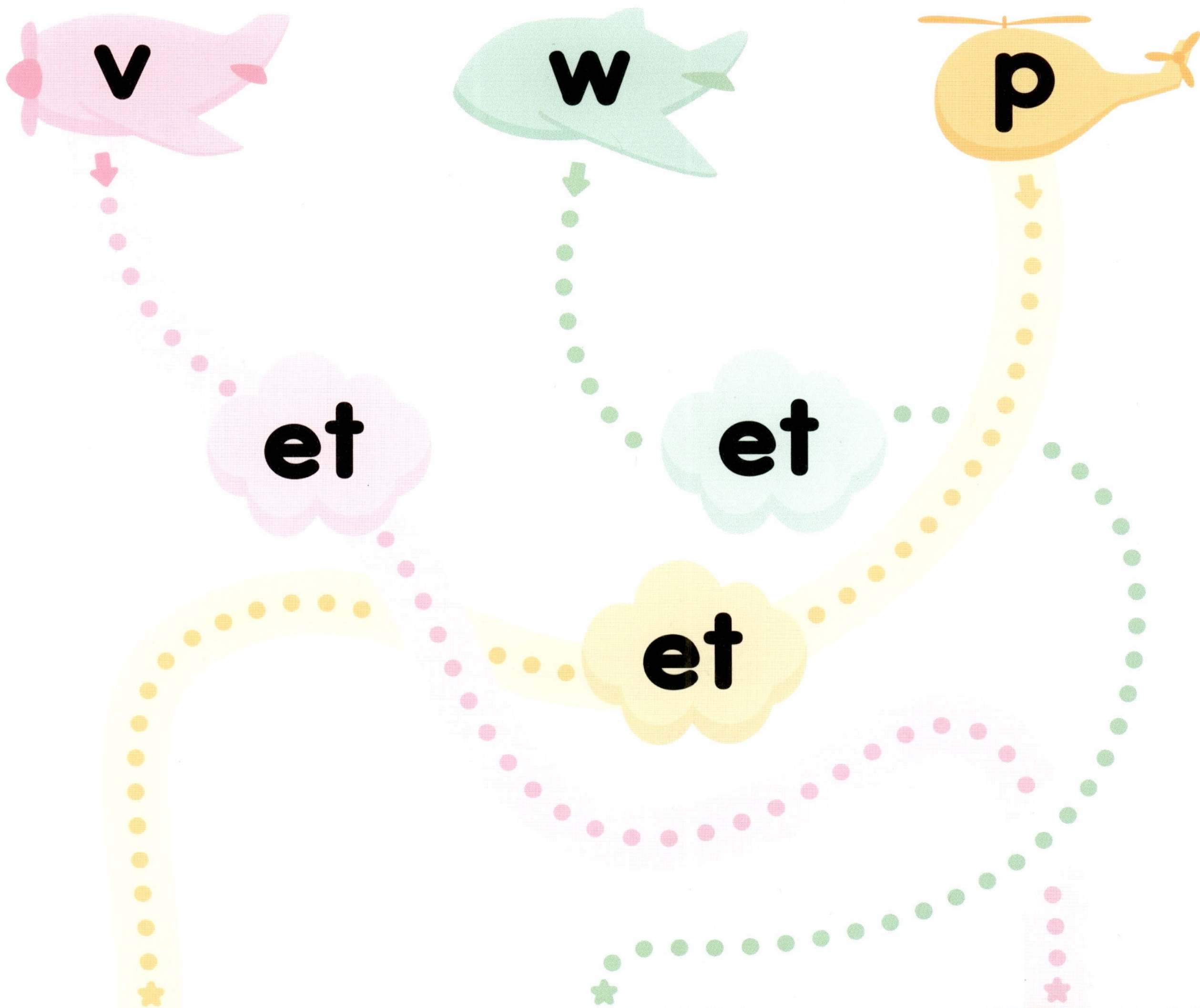

pet wet vet

ed eg en et Review

❶ Circle and say the sounds.

ed eg en et

eg et ed en

❷ Color and say the sounds.

ed
eg
en
et

3 Match, read, and trace.

bed keg pet

4 Circle the words in the puzzle. Read and trace.

h	e	n	a
s	k	n	w
f	e	d	e
o	m	d	t

fed

hen

wet

ig Blending i와 g가 만나서 나는 소리

Lesson Guide

- 아이와 함께 ig 소리를 재미있게 따라 해 보세요.

  "ig는 어떤 소리일까? i는 '이' 소리가 나고, g는 'ㄱ' 소리가 나. 그래서 ig는 '이ㄱ' 하고 소리 내는 거야."

- 그림에서 ig가 들어간 단어를 찾아 손으로 짚어 보세요.

  "생쥐가 든 호박은 작은데, 옆에 있는 호박은 엄청 big!"

QR Scan Watch Repeat

ig Word Chant

• Stick, point, and chant.

Watch Stick Chant

b ig » big

d ig » dig

p ig » pig

big

dig

pig

ig Checkup

• Follow the lines and say.

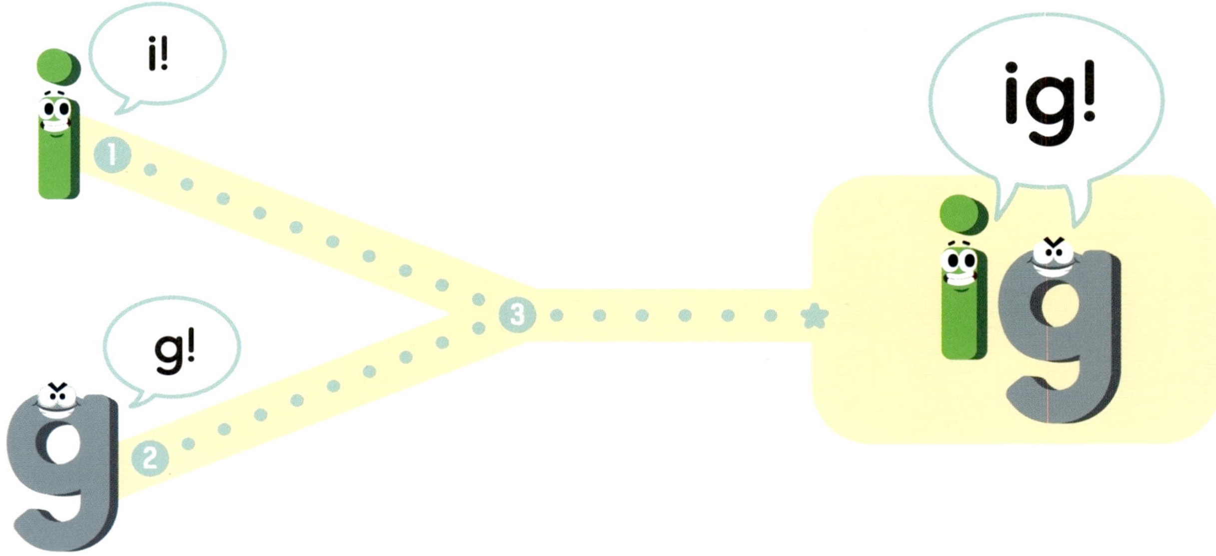

• Draw the lines. Read and check.

b / ig	 big	☐
d / ig	 dig	☐
p / ig	 pig	☐

• **Follow the lines. Read and trace.**

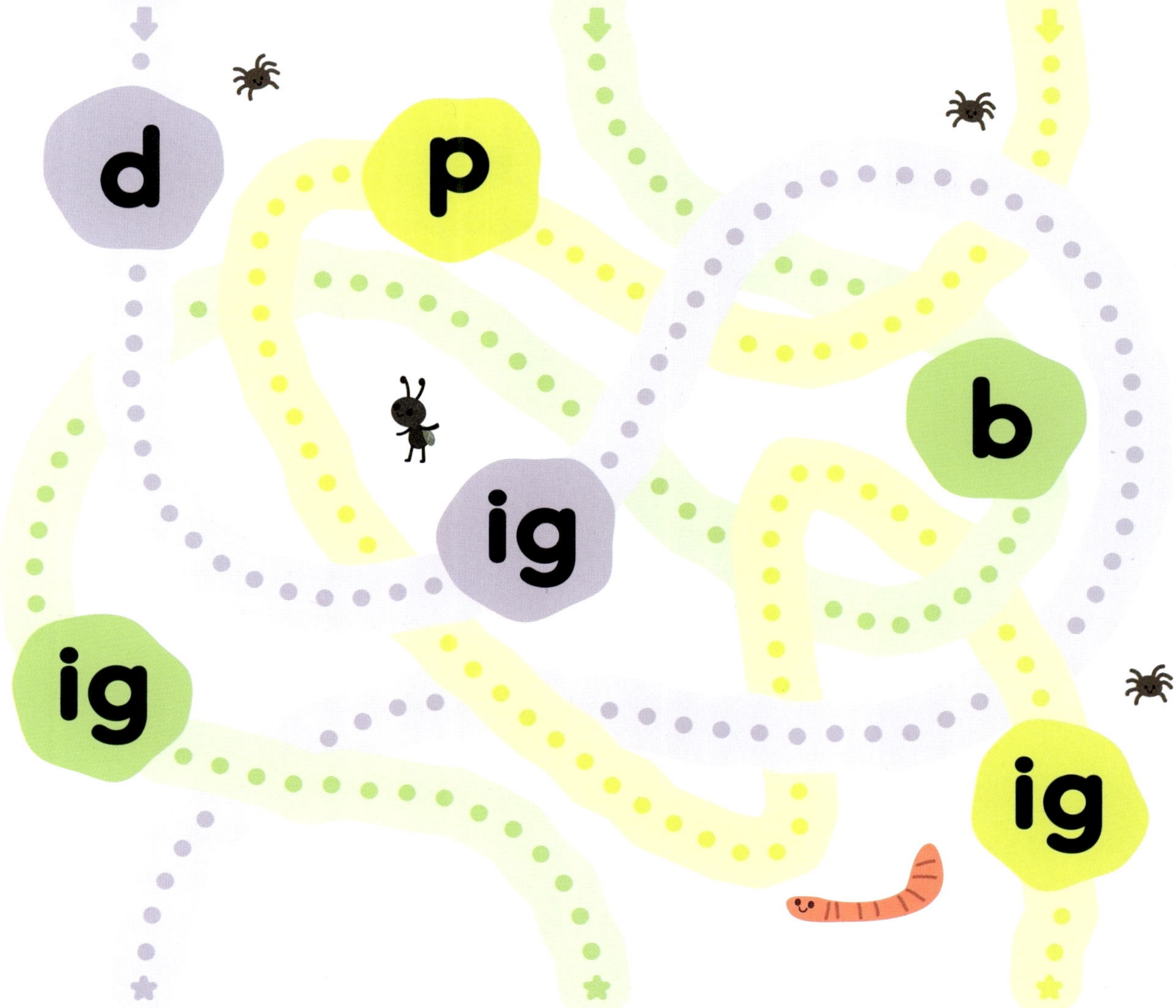

dig big pig

ip Blending i와 p가 만나서 나는 소리

Lesson Guide

- 아이와 함께 ip 소리를 재미있게 따라 해 보세요.
  "ip은 i의 '이' 소리와 p의 'ㅍ' 소리를 이어서 '이ㅍ', 빠르게 말하면 '잎' 하고 소리 나."
- 그림에서 ip이 들어간 단어를 찾아 손으로 짚어 보세요.
  Tip lip은 입술 한쪽만 뜻해요. 입술 전체는 lips라고 해요.

QR Scan ▶ Watch Repeat

ip Word Chant

• Stick, point, and chant.

ip

ip

Watch Stick Chant

h ip » hip

l ip » lip

s ip » sip

hip

lip

sip

ip Checkup

• Follow the lines and say.

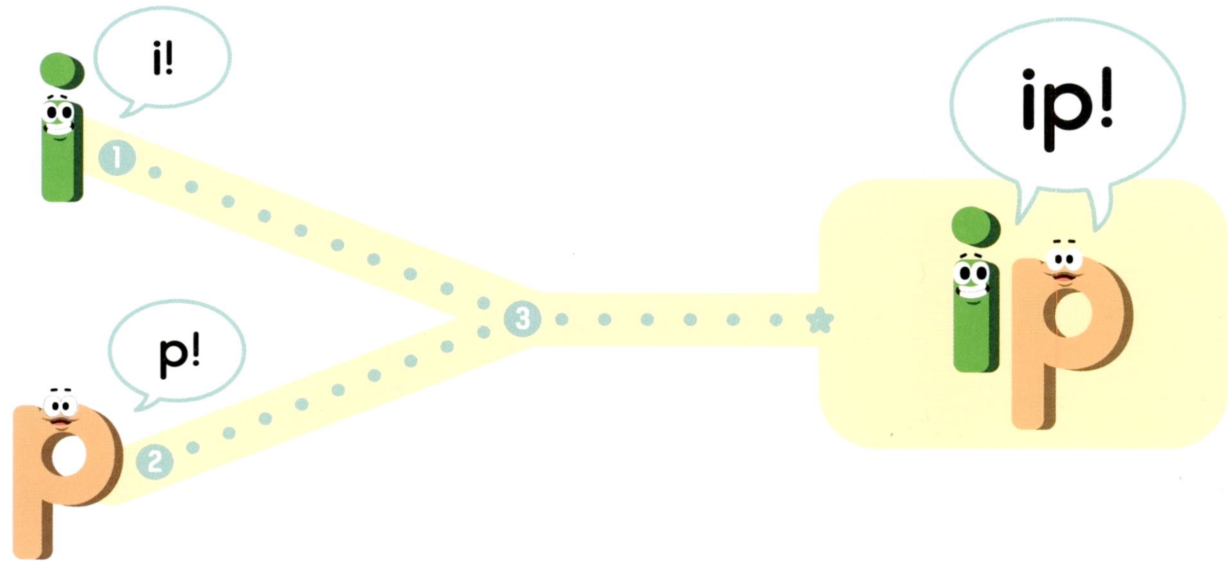

• Draw the lines. Read and check.

h ip

hip

l ip

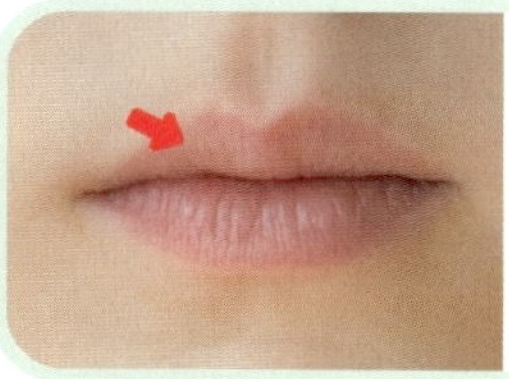

lip

s ip

sip

• **Follow the lines. Read and trace.**

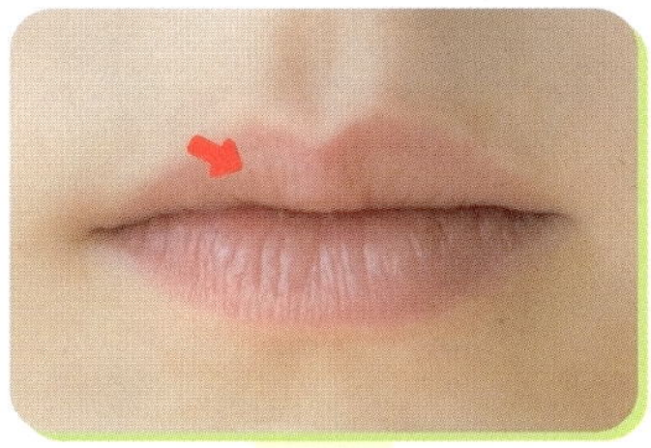

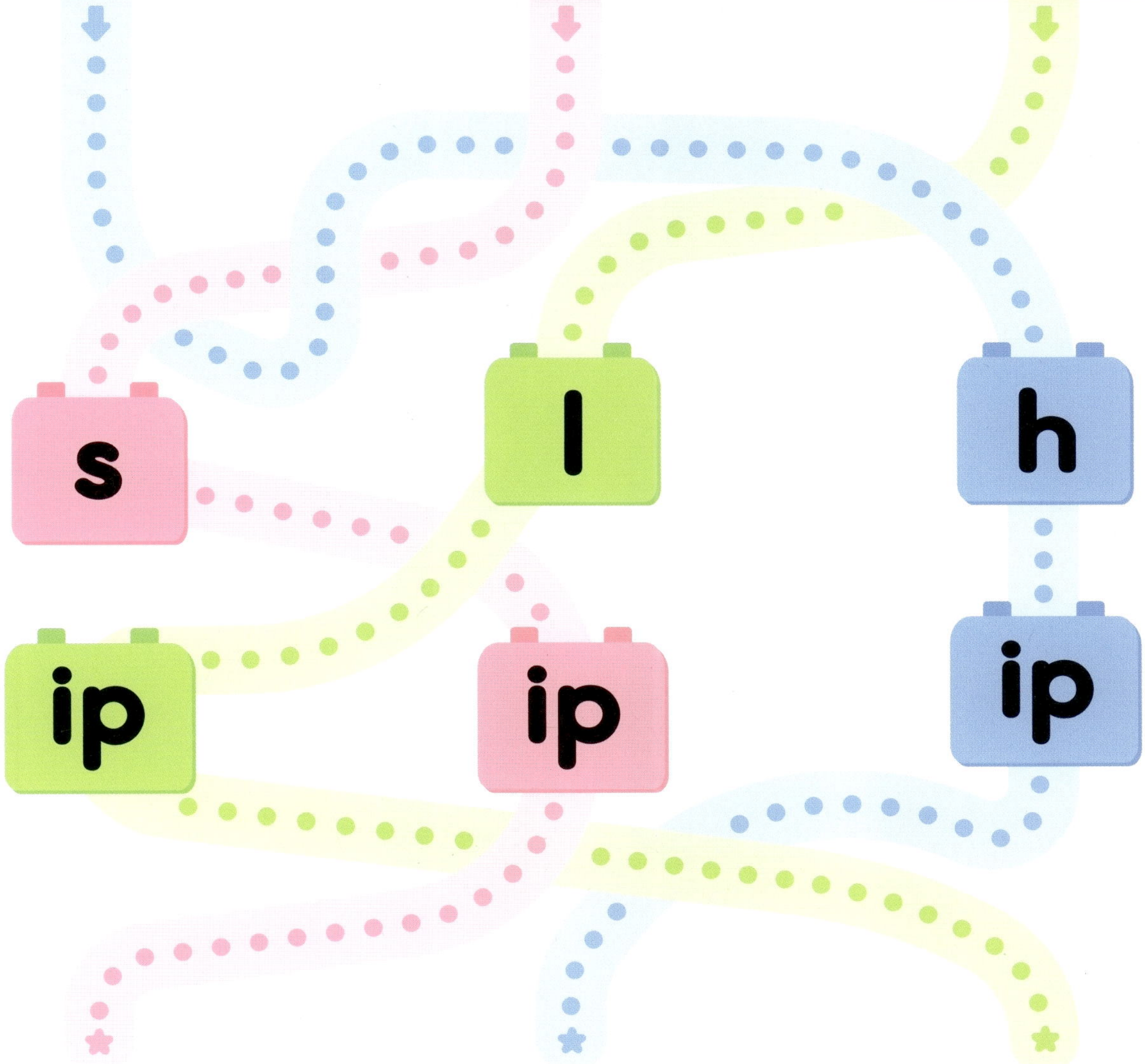

sip hip lip

it Blending i와 t가 만나서 나는 소리

Lesson Guide

- 아이와 함께 it 소리를 재미있게 따라 해 보세요.

  "it은 i와 t가 만나서 나는 소리야. i는 '이', t는 'ㅌ' 소리야.
  it은 두 소리를 이어서 '이ㅌ' 하고 소리 나."

- 그림에서 it이 들어간 단어를 찾아 손으로 짚어 보세요.

  "공룡이 방망이로 돌을 hit 하네! pit에 빠지지 않게 조심해!"

QR Scan ▶ Watch Repeat

it Word Chant

• **Stick, point, and chant.**

Watch Stick Chant

h + it >> hit 

p + it >> pit 

s + it >> sit 

hit

pit

sit

it Checkup

• Follow the lines and say.

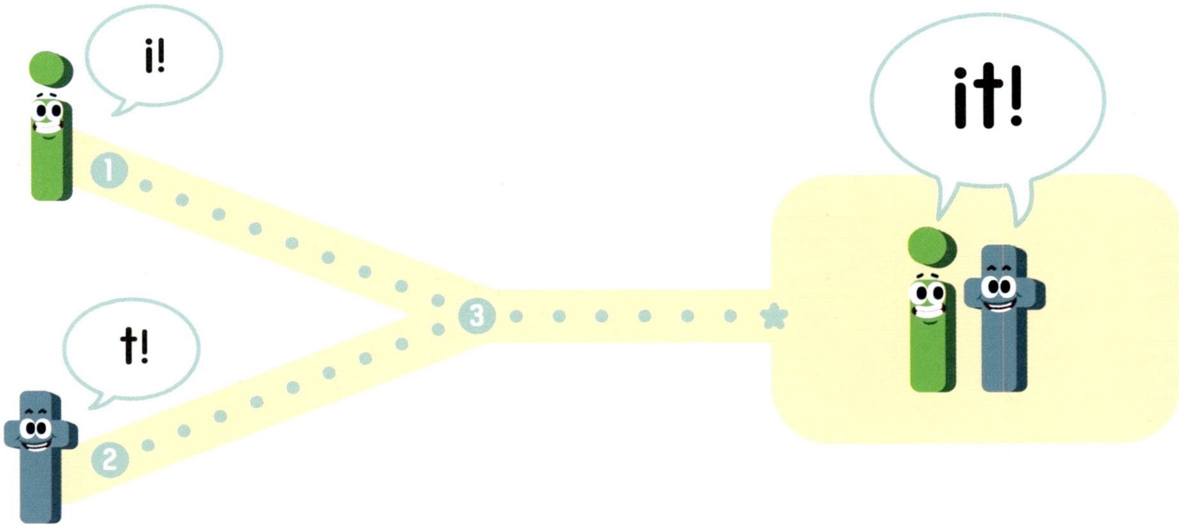

• Draw the lines. Read and check.

h / it  hit ☐

p / it  pit ☐

s / it  sit ☐

• **Follow the lines. Read and trace.**

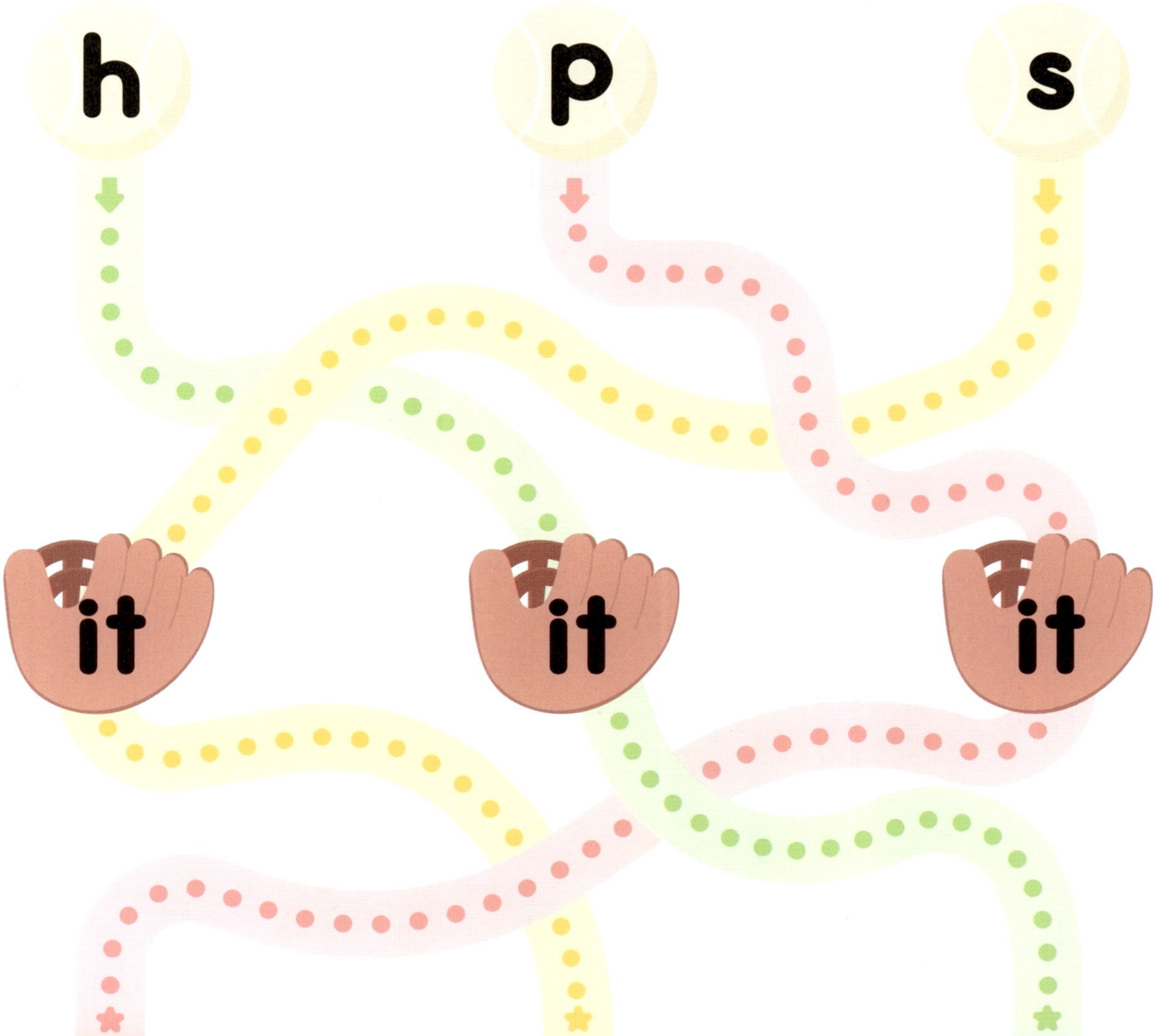

pit sit hit

ix Blending i와 x가 만나서 나는 소리

Lesson Guide

- 아이와 함께 ix 소리를 재미있게 따라 해 보세요.

  "ix는 i의 '이', x의 'ㅋㅅ' 소리를 자연스럽게 이어서 '익스' 하고 소리 내는 거야."

- 그림에서 ix가 들어간 단어를 찾아 손으로 짚어 보세요.

  "자동차가 고장이 났나 봐. 여자아이가 fix 하고 있네!"

QR Scan ▶ Watch 💬 Repeat

six
육, 여섯

6

fix
수리하다

mix
섞다

Find the pictures!

ix Word Chant

• Stick, point, and chant.

Watch Stick Chant

f ix » fix

m ix » mix

s ix » six

6

fix

mix

6

six

ix Checkup

• Follow the lines and say.

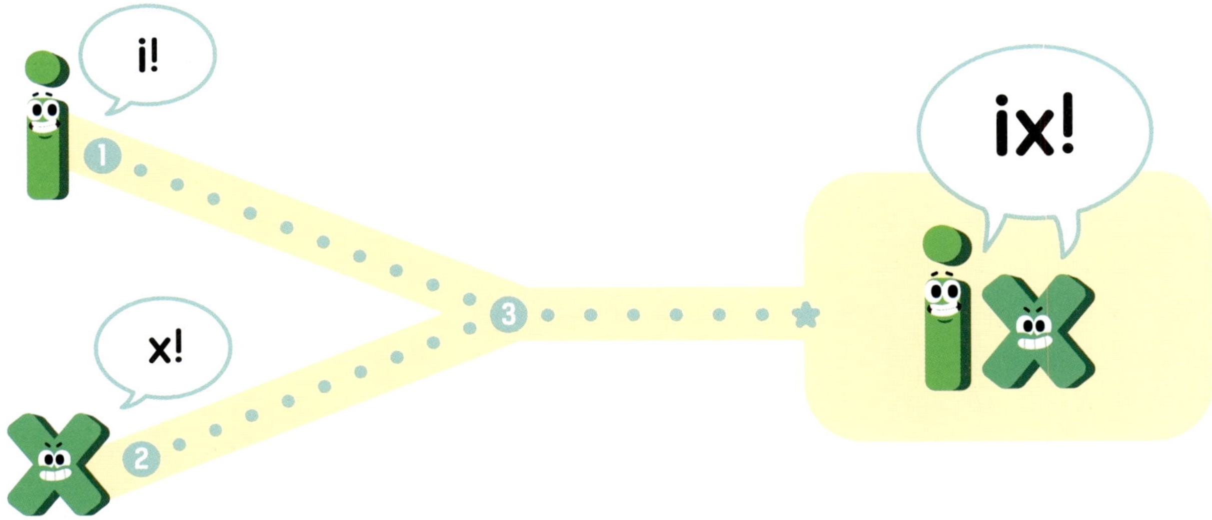

• Draw the lines. Read and check.

f / ix

fix

m / ix

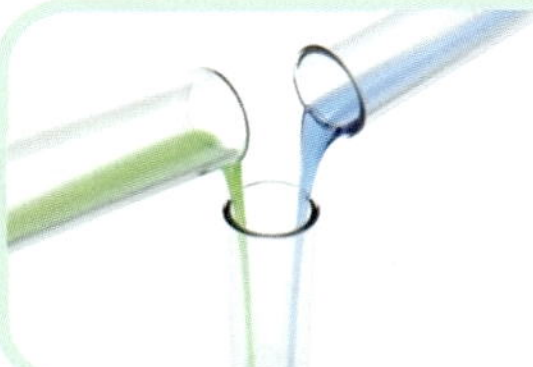

mix

s / ix

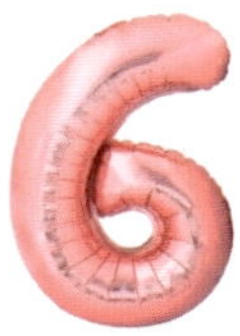

six

• Follow the lines. Read and trace.

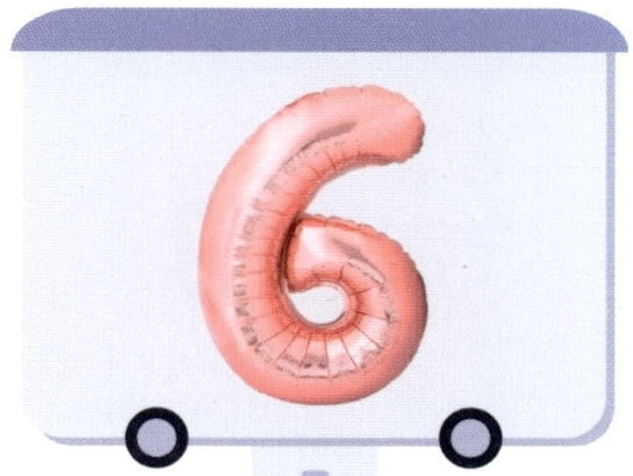

f m s

ix ix ix

six mix fix

ig ip it ix Review

❶ Circle and say the sounds.

ig ip it ix

it ix ig ip

❷ Color and say the sounds.

ig
ip
it
ix

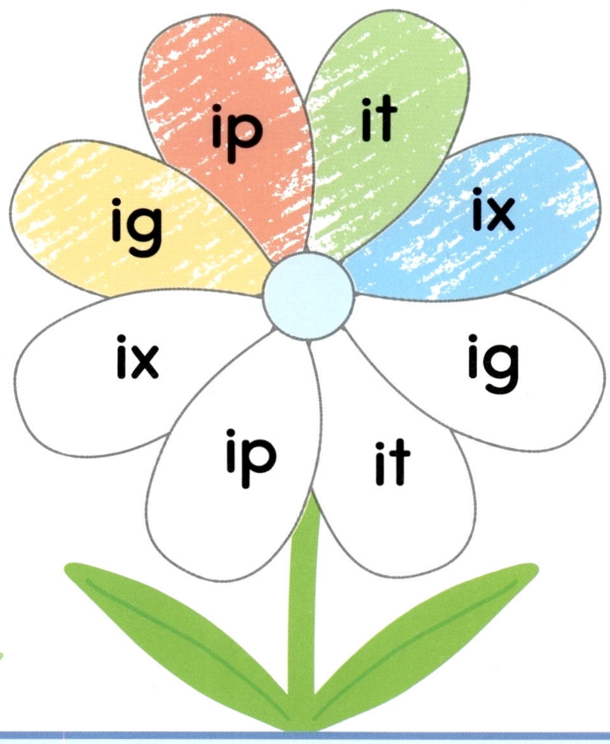

3 Match, read, and trace.

hit

sip

pig

4 Circle the words in the puzzle. Read and trace.

t	d	n	o
l	i	p	c
r	g	s	z
h	f	i	x

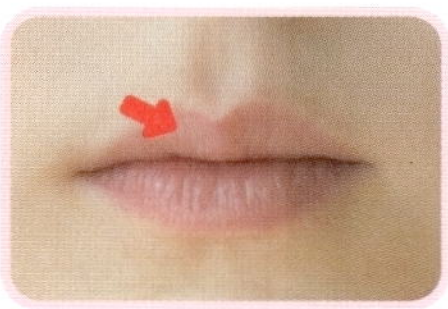

lip

dig

fix

og Blending o와 g가 만나서 나는 소리

Lesson Guide

- 아이와 함께 og 소리를 재미있게 따라 해 보세요.

  "og는 o와 g가 만나서 나는 소리야. o는 '아', g는 'ㄱ' 소리가 나.
  그래서 og는 '아'와 'ㄱ' 소리를 이어서 '아ㄱ' 하고 소리 내는 거야."

- 그림에서 og가 들어간 단어를 찾아 손으로 짚어 보세요.

  "여자아이가 dog랑 jog 하고 있어! 누가 더 빠를까?"

QR Scan ▶ Watch Repeat

og Word Chant

• Stick, point, and chant.

og

og

og

og

Watch Stick Chant

d og » dog 

j og » jog 

l og » log 

og

dog

jog

log

og Checkup

• Follow the lines and say.

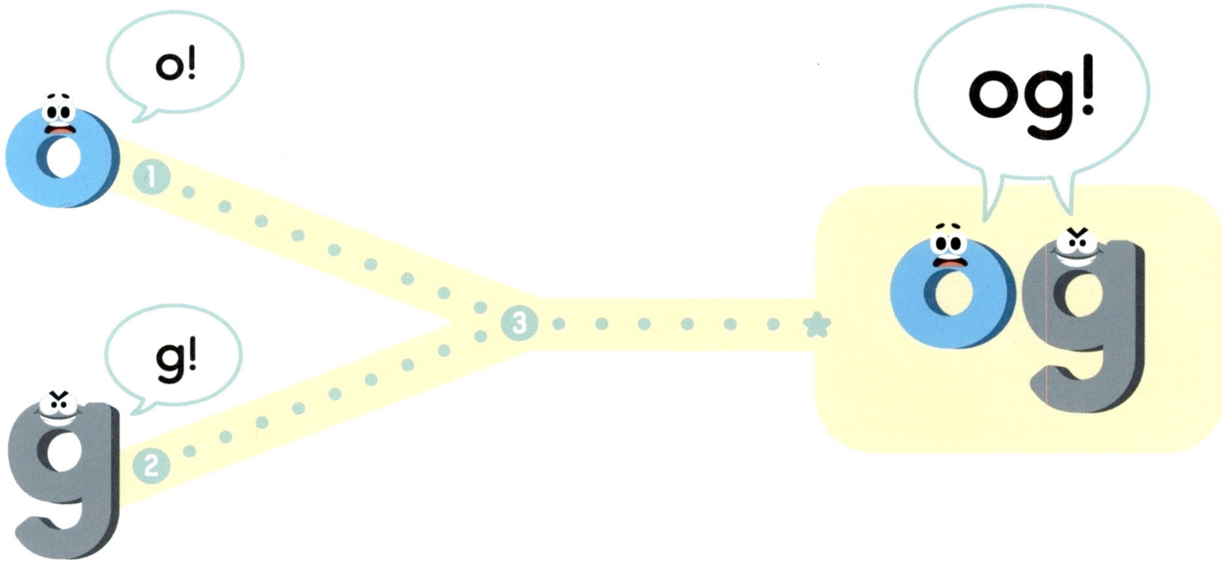

• Draw the lines. Read and check.

d / og

dog

j / og

jog

l / og

log

• **Follow the lines. Read and trace.**

j d l

og og og

jog log dog

op Blending o와 p가 만나서 나는 소리

Lesson Guide

- 아이와 함께 op 소리를 재미있게 따라 해 보세요.

  "op은 어떤 소리일까? o는 '아', p는 'ㅍ' 소리야. op은 '아'와 'ㅍ' 소리를 이어서 '아ㅍ', 빠르게 말하면 '앞' 소리가 나."

- 그림에서 op이 들어간 단어를 찾아 손으로 짚어 보세요.

  "토끼처럼 hop! hop! 뛰고, 비눗방울을 pop! pop! 터뜨리자!"

QR Scan ▶ Watch Repeat

op Word Chant

• Stick, point, and chant.

Watch Stick Chant

h op » hop

p op » pop

t op » top

hop

pop

top

op Checkup

• Follow the lines and say.

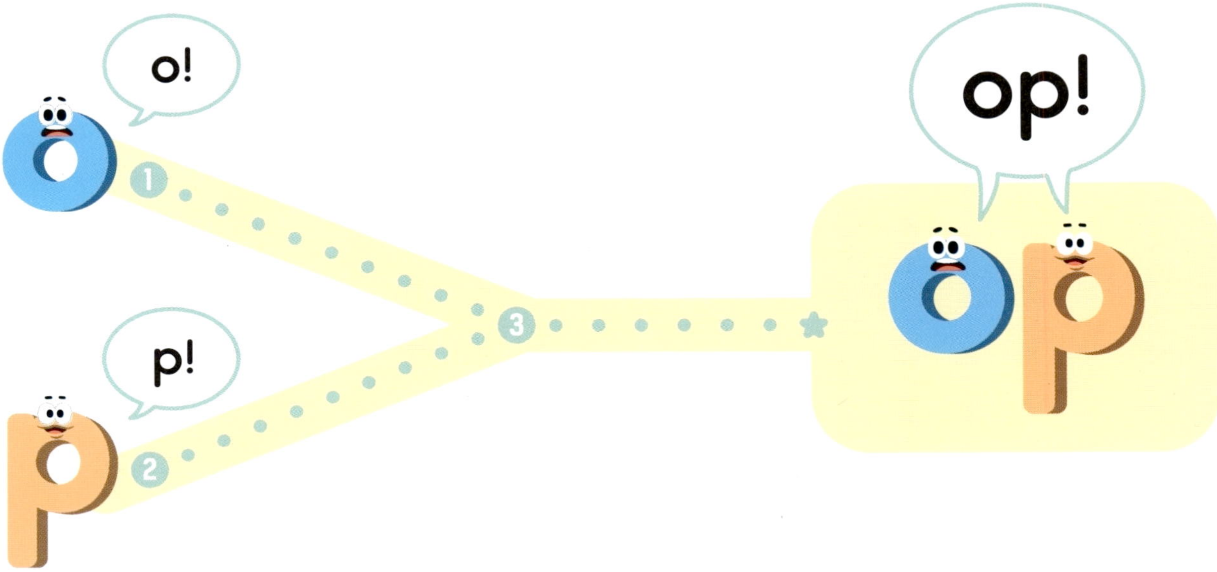

• Draw the lines. Read and check.

h / op

hop

p / op

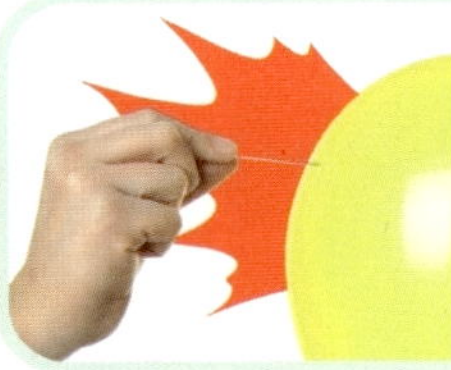

pop

t / op

top

• **Follow the lines. Read and trace.**

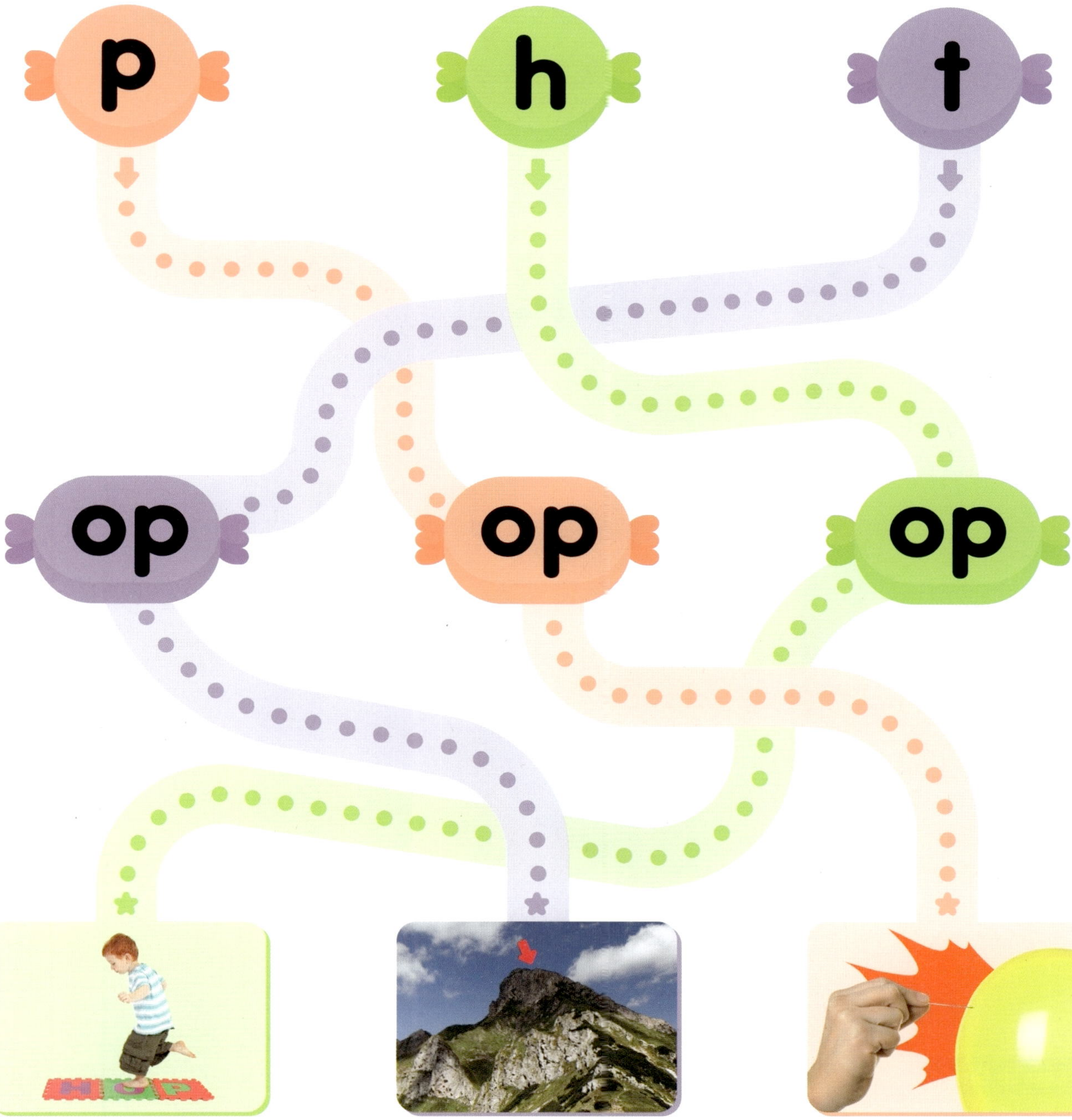

hop top pop

ot Blending o와 t가 만나서 나는 소리

Lesson Guide

- 아이와 함께 ot 소리를 재미있게 따라 해 보세요.
  "ot은 o의 '아', t의 'ㅌ' 소리를 이어서 '아ㅌ' 하고 소리 내는 거야."
- 그림에서 ot이 들어간 단어를 찾아 손으로 짚어 보세요.
  "파라솔의 귀여운 dot 무늬 좀 봐."

QR Scan Watch Repeat

ot

Word Chant

• Stick, point, and chant.

ot

ot

Watch Stick Chant

d ot » dot 

h ot » hot 

p ot » pot 

dot

hot

pot

ot Checkup

• Follow the lines and say.

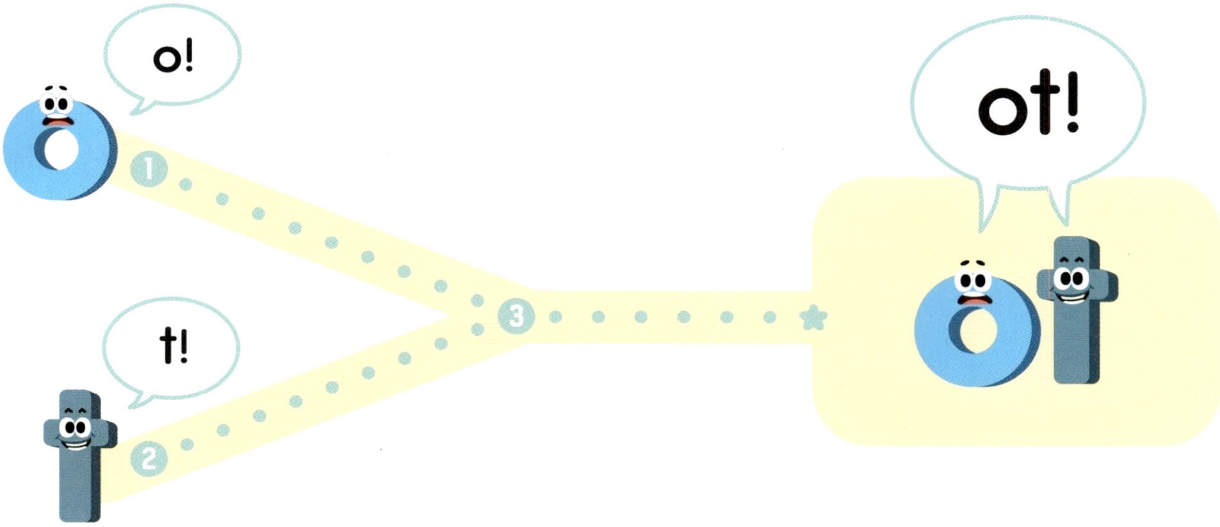

• Draw the lines. Read and check.

d / ot

dot

h / ot

hot

p / ot

pot

• **Follow the lines. Read and trace.**

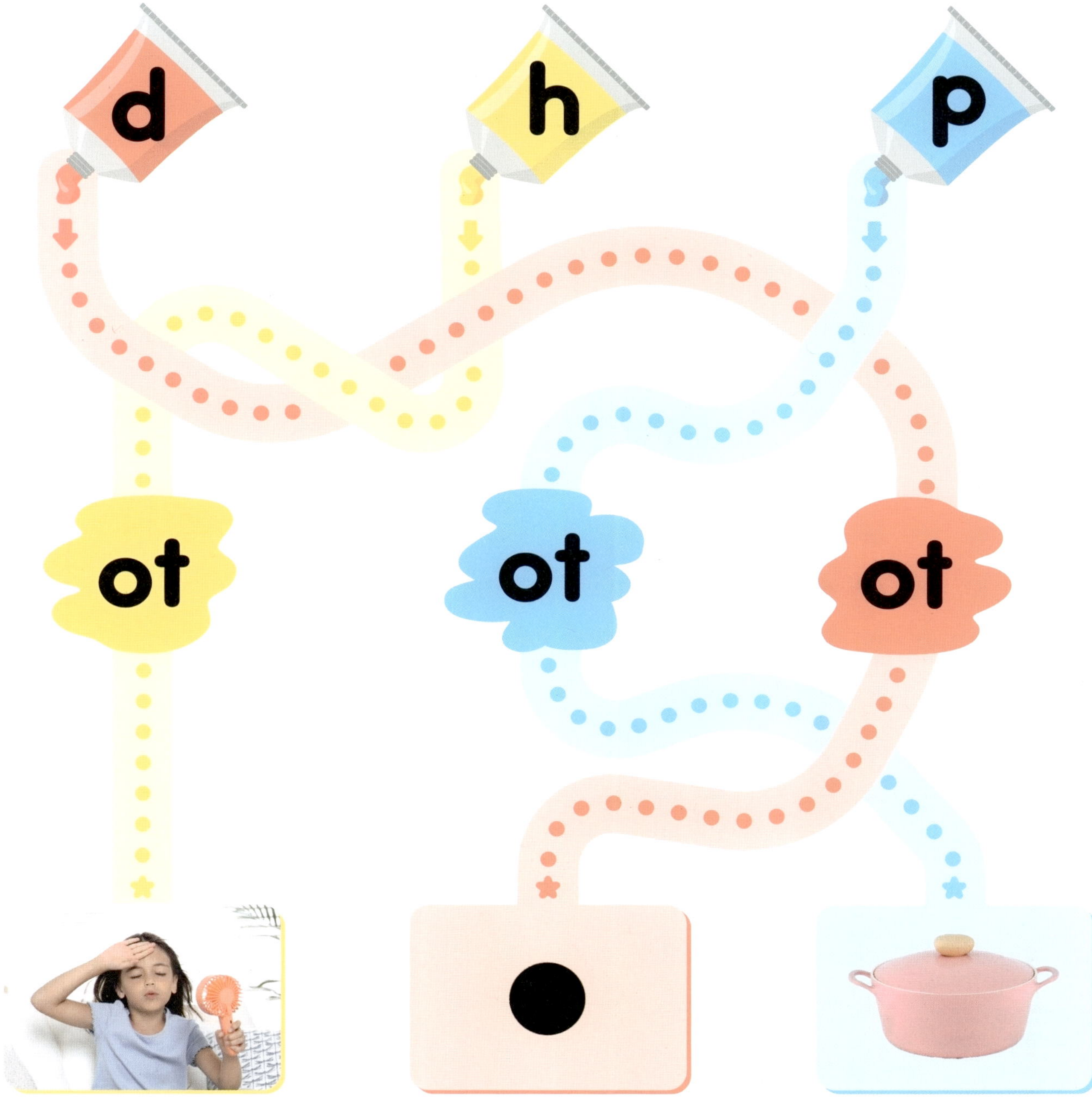

hot dot pot

ox Blending o와 x가 만나서 나는 소리

Lesson Guide

- 아이와 함께 ox 소리를 재미있게 따라 해 보세요.

  "ox는 어떤 소리가 날까? o는 '아' 소리고, x는 'ㅋㅅ' 소리야.
  ox는 두 소리를 자연스럽게 이어서 '악ㅅ' 소리가 돼!"

- 그림에서 ox가 들어간 단어를 찾아 손으로 짚어 보세요.

  "ox가 box를 가져왔어. fox는 냄비를 들고 어디로 가는 걸까?"

Scan Watch Repeat

ox Word Chant

• Stick, point, and chant.

Watch Stick Chant

ox » ox 

b · ox » box 

f · ox » fox 

ox

box

fox

ox Checkup

• Follow the lines and say.

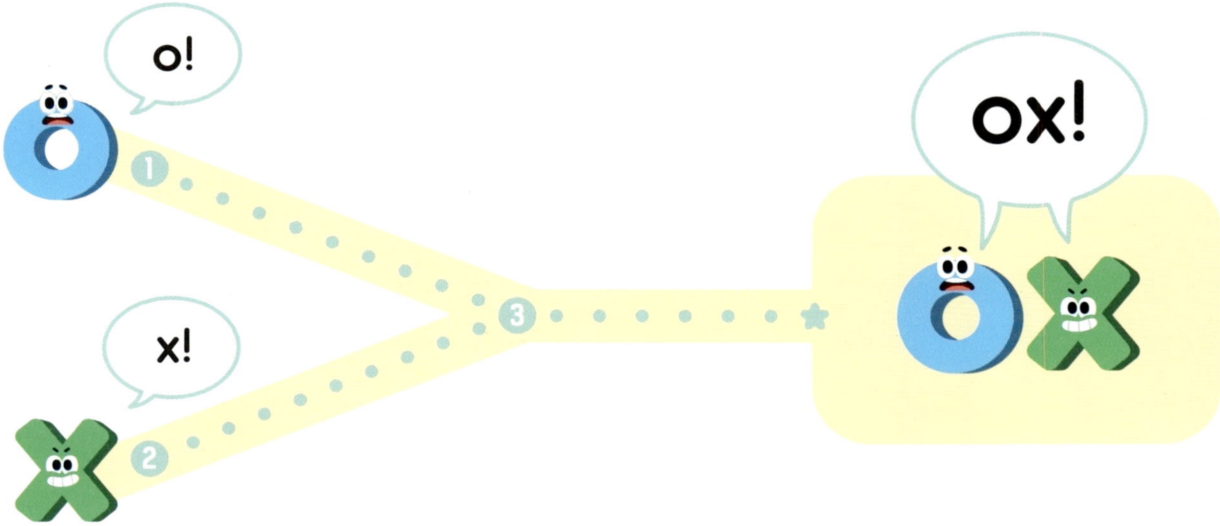

• Draw the lines. Read and check.

ox		ox	✓
b / ox		box	✓
f / ox		fox	✓

• **Follow the lines. Read and trace.**

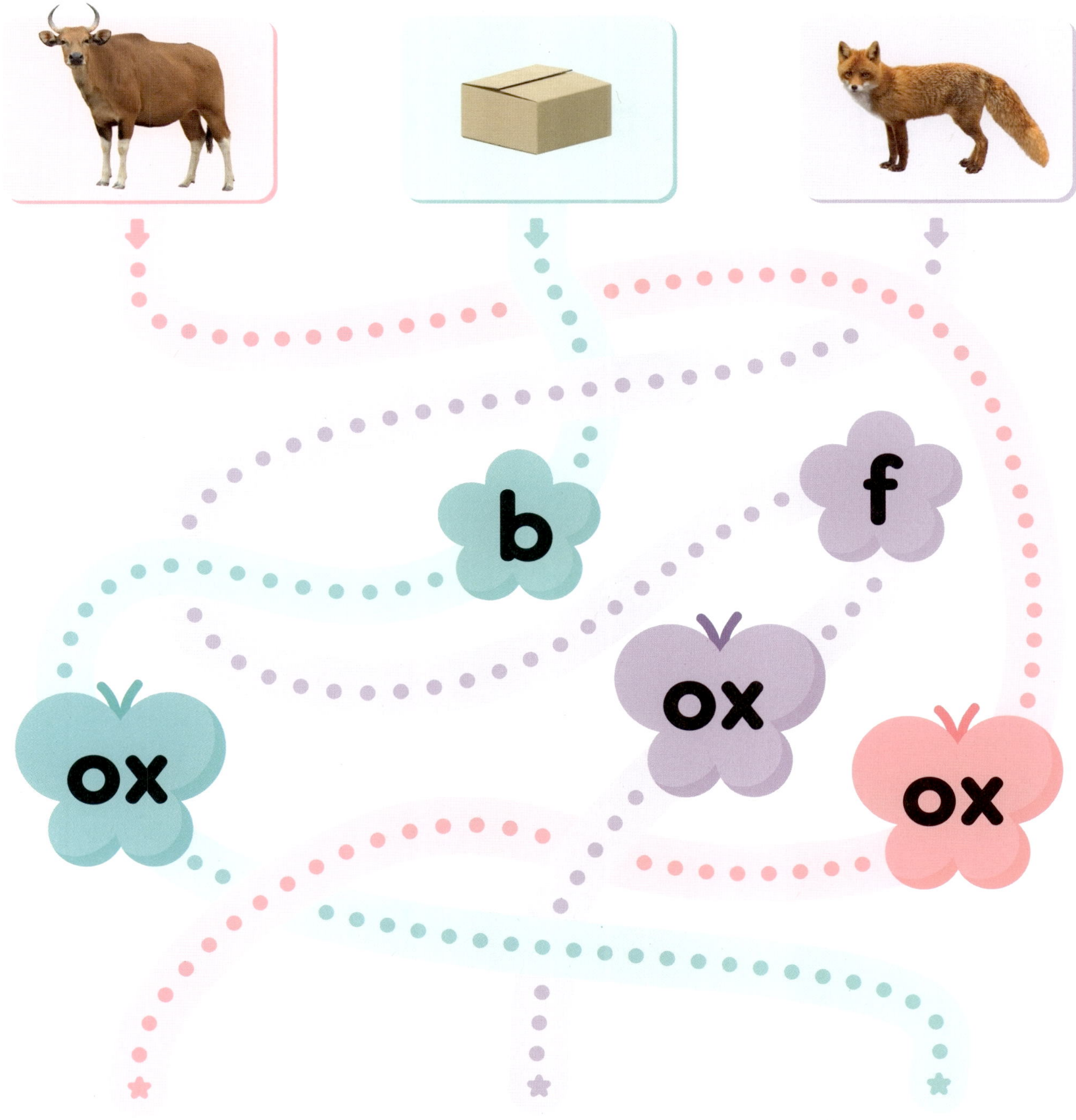

ox fox box

og op ot ox Review

❶ Circle and say the sounds.

og op ot ox

op ox ot og

❷ Color and say the sounds.

og	yellow
op	blue
ot	red
ox	green

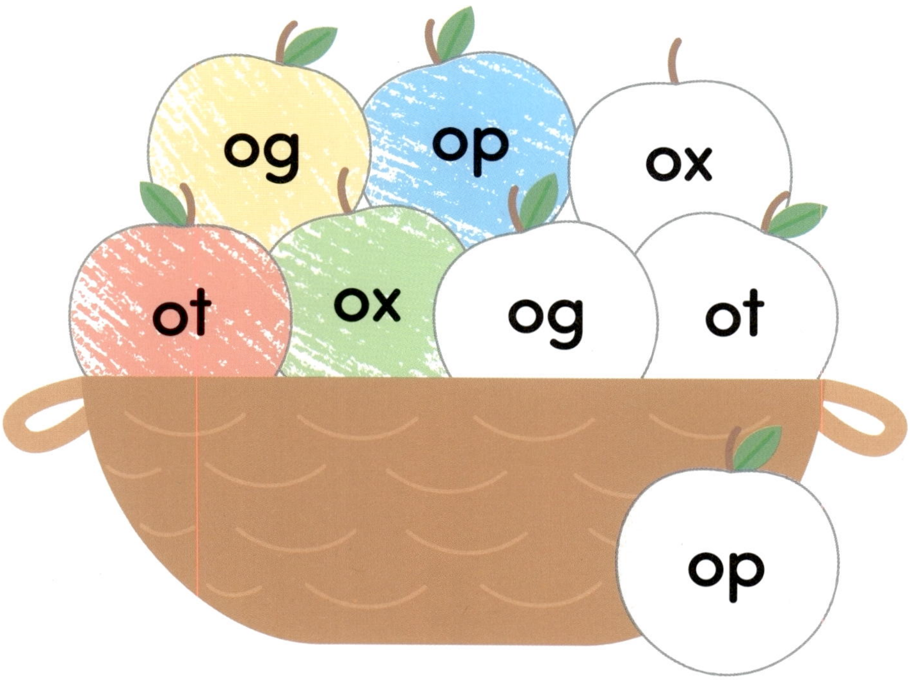

3 **Match, read, and trace.**

dog

hop

pot

4 **Circle the words in the puzzle. Read and trace.**

t	h	o	t
o	g	e	c
p	f	o	x
s	m	z	y

fox

hot

top

ub Blending u와 b가 만나서 나는 소리

Lesson Guide

- 아이와 함께 ub 소리를 재미있게 따라 해 보세요.

  "ub 소리를 알아보자. u는 '어' 소리고, b는 'ㅂ' 소리야.
  ub은 '어'와 'ㅂ'를 이어서 '어ㅂ' 하고 소리 내면 돼."

- 그림에서 ub이 들어간 단어를 찾아 손으로 짚어 보세요.

  Tip cub은 곰, 여우, 사자 등 동물의 새끼를 뜻해요.

QR Scan Watch Repeat

ub Word Chant

• Stick, point, and chant.

ub

ub

c ub » cub 

r ub » rub 

t ub » tub 

cub

rub

tub

ub Checkup

• Follow the lines and say.

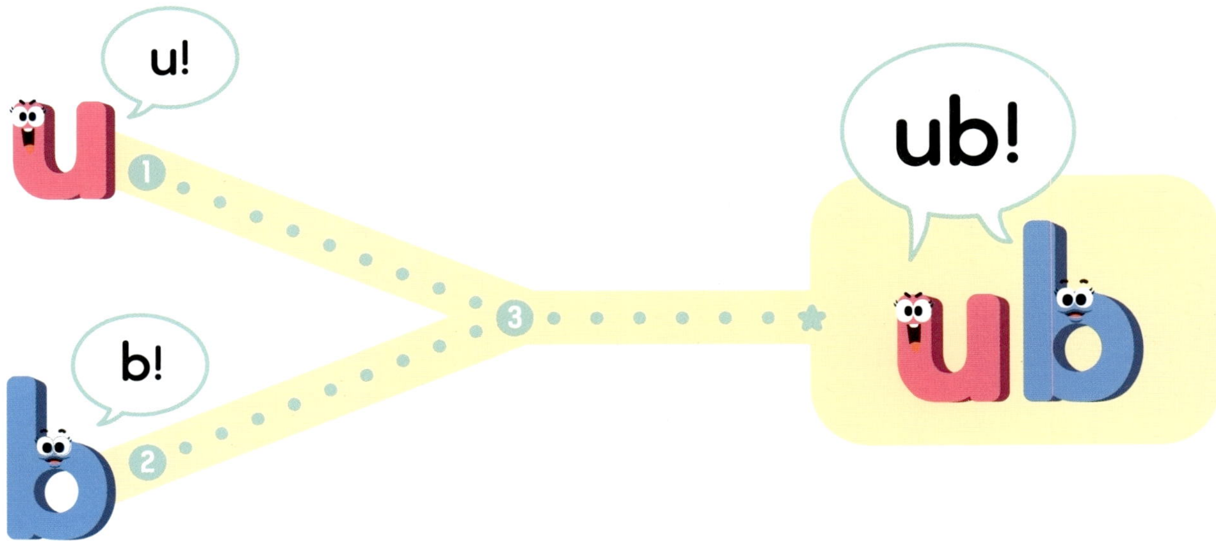

• Draw the lines. Read and check.

c / ub

cub

r / ub

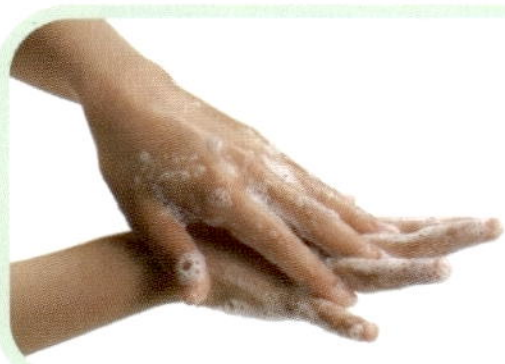

rub

t / ub

tub

• **Follow the lines. Read and trace.**

r

c

t

ub

ub

ub

rub

cub

tub

ug Blending u와 g가 만나서 나는 소리

Lesson Guide

- 아이와 함께 ug 소리를 재미있게 따라 해 보세요.

  "ug는 어떤 소리일까? u는 '어', g는 'ㄱ' 소리야. 그래서 ug는 '어'와 'ㄱ' 소리를 이어서 '어ㄱ' 소리가 나."

- 그림에서 ug가 들어간 단어를 찾아 손으로 짚어 보세요.

  "아이와 고양이가 hug 하네. bug는 하트를 그리며 날고 있어."

QR Scan   Watch   Repeat

ug Word Chant

• Stick, point, and chant.

u g » ug

u g » ug

ug ug ug

Watch Stick Chant

b ug » bug

h ug » hug

r ug » rug

bug

hug

rug

ug Checkup

• Follow the lines and say.

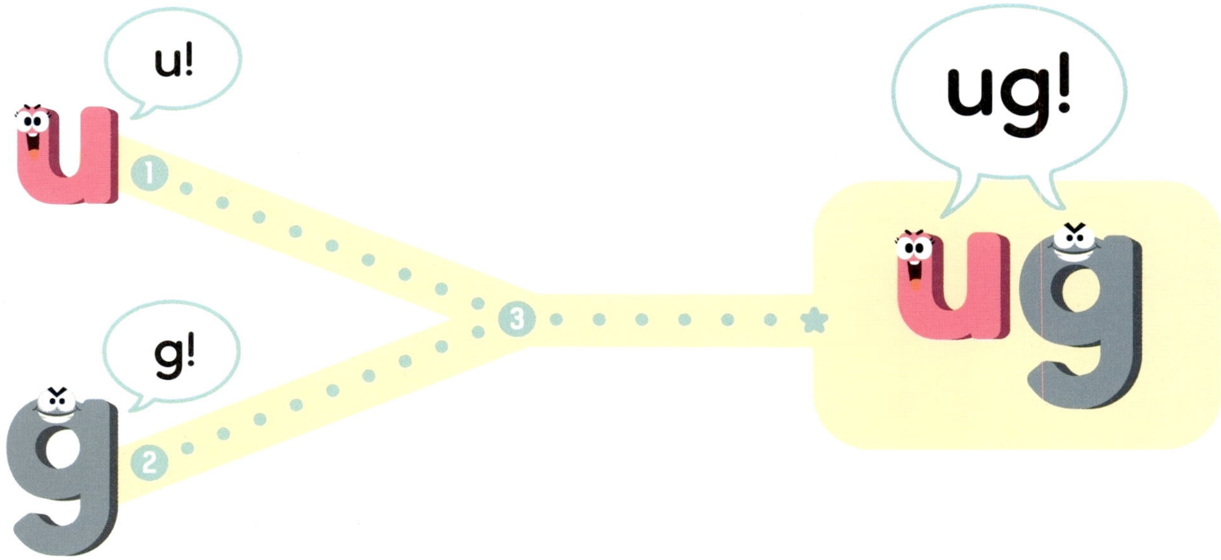

• Draw the lines. Read and check.

b / ug		bug	☐
h / ug		hug	☐
r / ug		rug	☐

• **Follow the lines. Read and trace.**

b h r

ug ug ug

hug rug bug

un Blending u와 n이 만나서 나는 소리

Lesson Guide

- 아이와 함께 un 소리를 재미있게 따라 해 보세요.

  "un은 u의 '어'와 n의 '은' 소리를 이으면 돼. 그래서 un은 '어은' 소리가 되고, 빠르게 말하면 '언' 소리야!"

- 그림에서 un이 들어간 단어를 찾아 손으로 짚어 보세요.

  "sun이 쨍쨍! 토끼와 거북이가 run 하며 경기해. 누가 이겼을까?"

QR Scan ▶ Watch Repeat

un Word Chant

• Stick, point, and chant.

u n » un

u n » un

un un un

Watch Stick Chant

f · un » fun

r · un » run

s · un » sun

fun

run

sun

un Checkup

• Follow the lines and say.

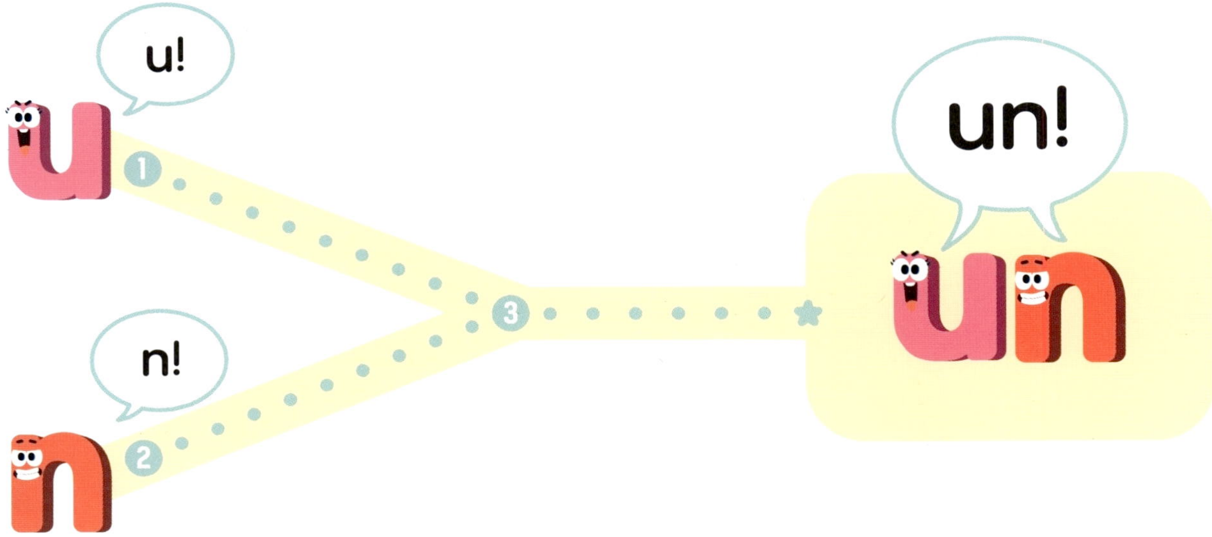

• Draw the lines. Read and check.

f / un  fun

r / un  run

s / un  sun

• **Follow the lines. Read and trace.**

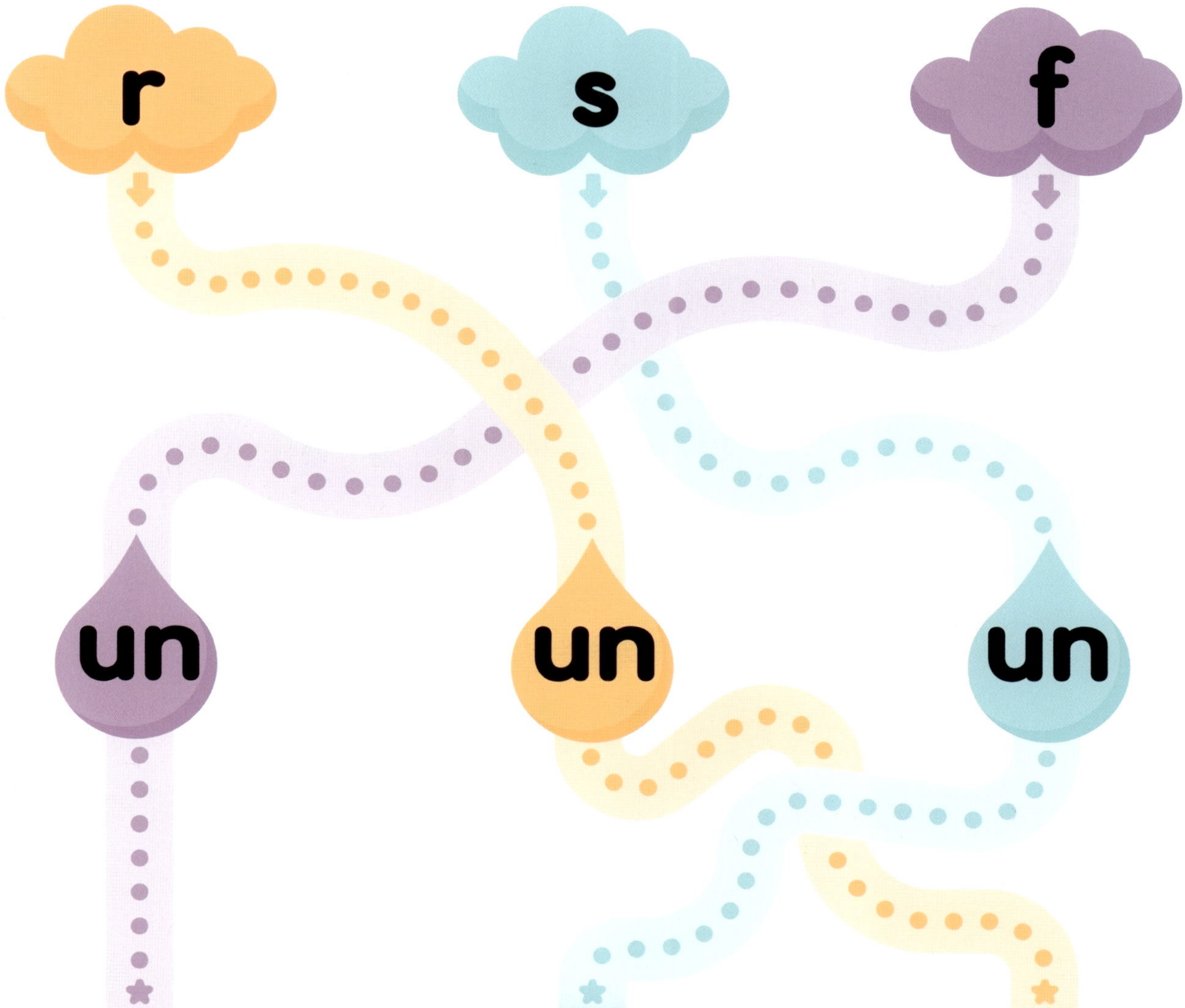

fun sun run

up Blending u와 p가 만나서 나는 소리

Lesson Guide

- 아이와 함께 up 소리를 재미있게 따라 해 보세요.

  "up은 u와 p가 만나서 나는 소리야. u는 '어', p는 'ㅍ' 소리니까 두 소리를 이으면 '어ㅍ', 빠르게 말하면 '엎' 소리가 나."

- 그림에서 up이 들어간 단어를 찾아 손으로 짚어 보세요.

  "저기 봐. 풍선이 하늘 위로 up! up! 높이 올라가!"

QR Scan ▶ Watch Repeat

up Word Chant

• **Stick, point, and chant.**

Watch Stick Chant

up » up 

c · up » cup 

p · up » pup 

up

cup

pup

up Checkup

• Follow the lines and say.

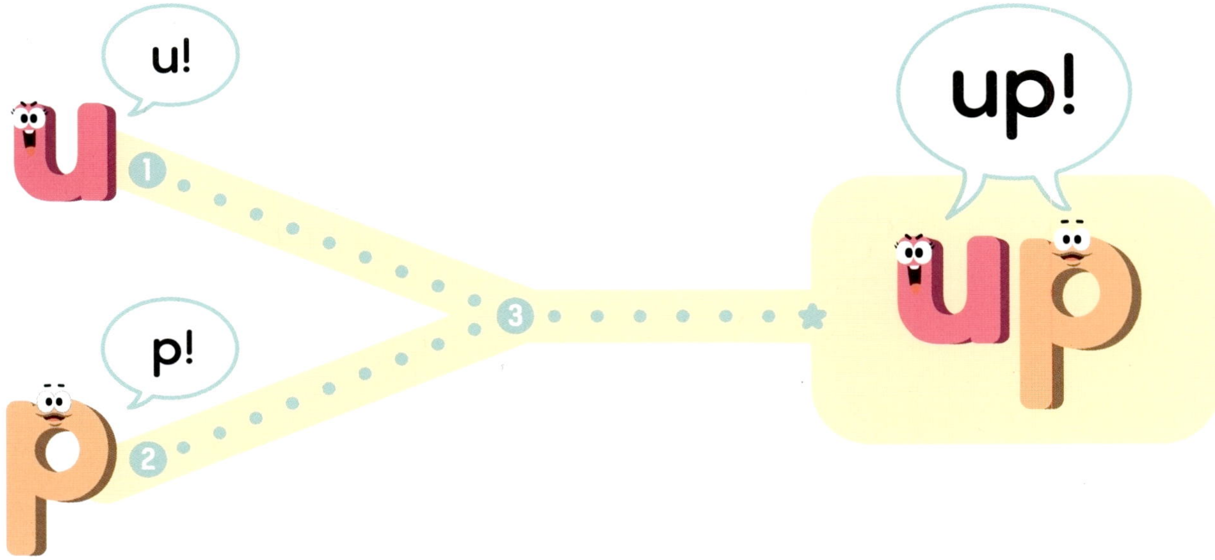

• Draw the lines. Read and check.

up	 up	✓
c / up	 cup	✓
p / up	 pup	✓

• **Follow the lines. Read and trace.**

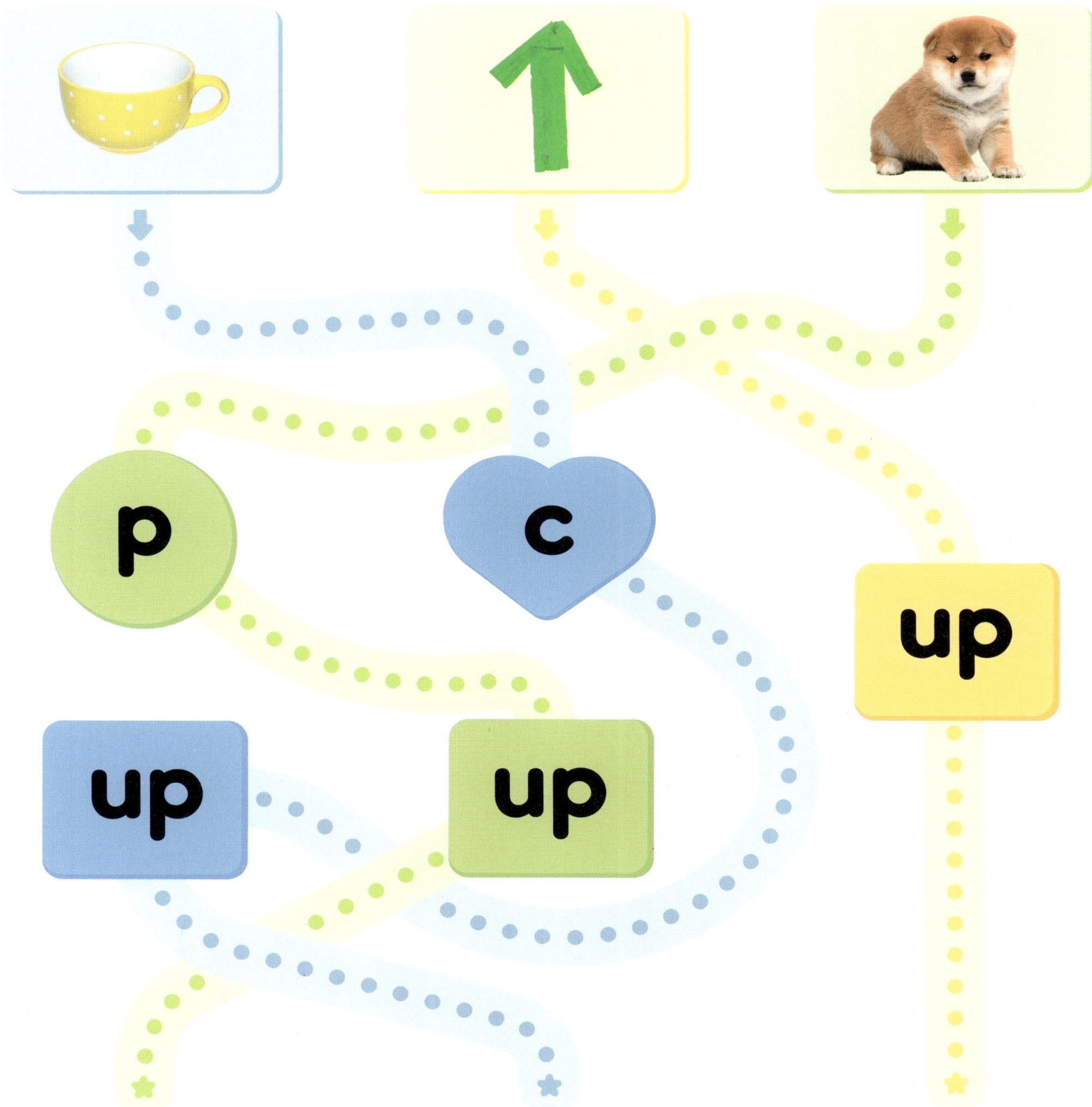

pup cup up

ub ug un up Review

❶ Circle and say the sounds.

ub ug un up

un ub up ug

❷ Color and say the sounds.

ub	yellow
ug	orange
un	green
up	blue

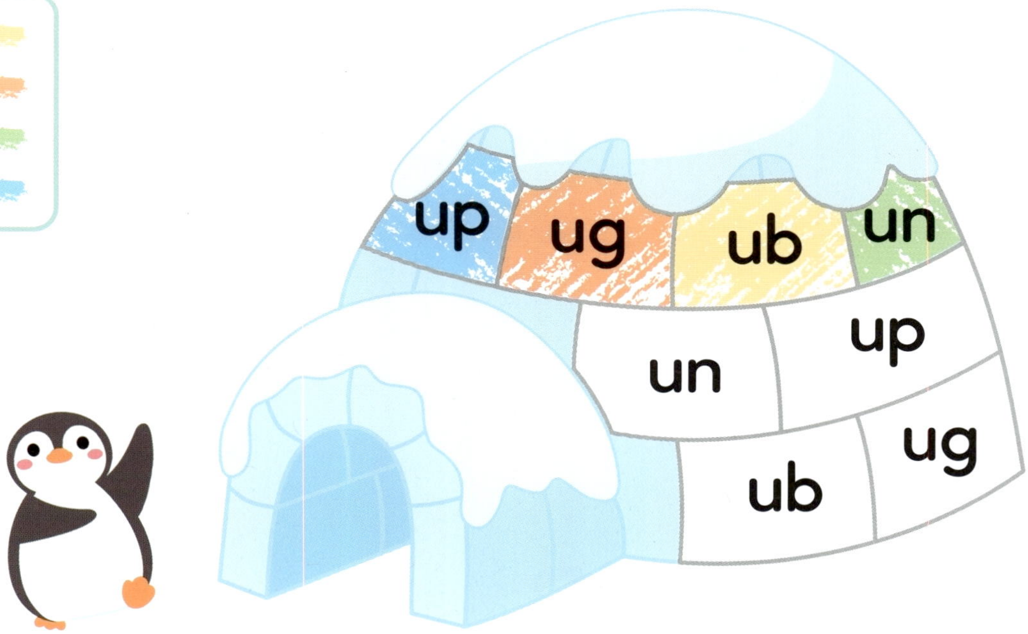

3 **Match, read, and trace.**

rug

cub

cup

4 **Circle the words in the puzzle. Read and trace.**

s	u	n	d
o	h	u	g
k	w	f	x
t	u	b	i

sun

hug

tub

Tracing Sounds 따라쓰기

am ap
at an

ed eg
en et

ig ip
it ix

og

op

ot

ox

ub

ug

un

up

Word Review 단어 완성하기

jam

cap

red

peg

pig

sip

dog

top

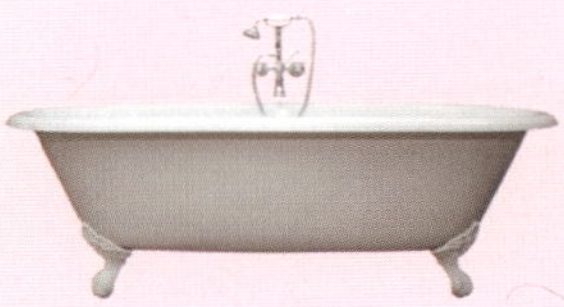

tub

bug

cat

man

hen

vet

sit

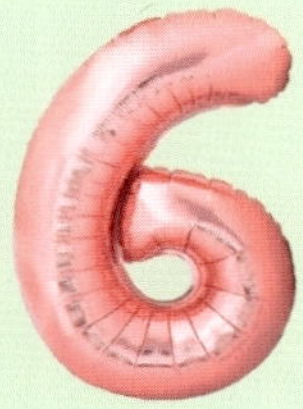

six

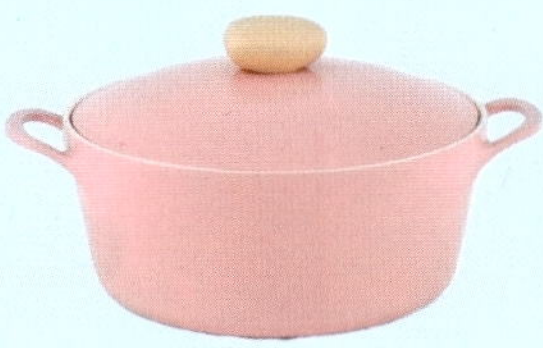

pot

fox

fun

cup

Answer

Review 1 pp. 34-35

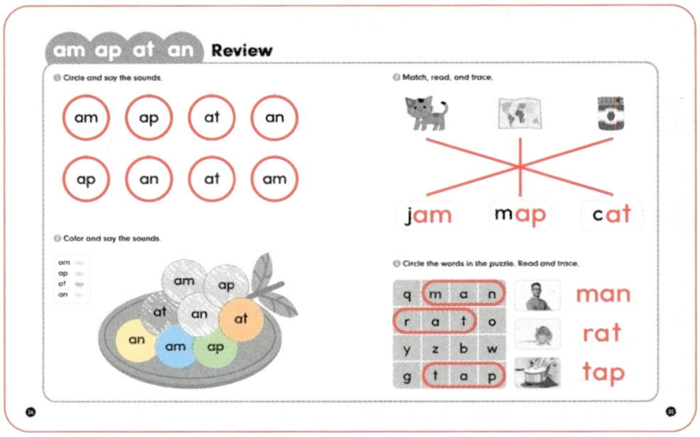

Review 2 pp. 60-61

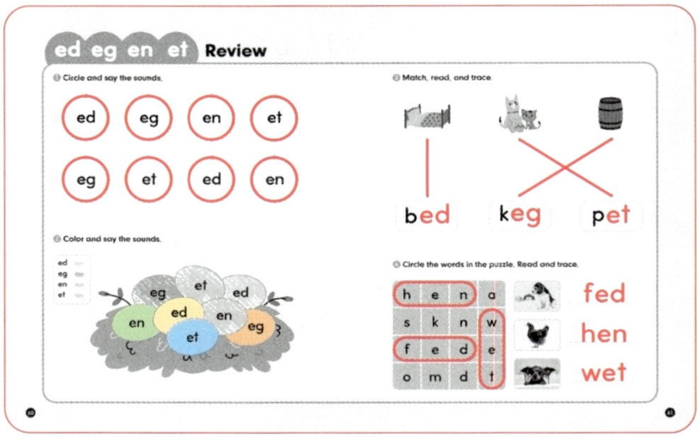

Review 3 pp. 86-87

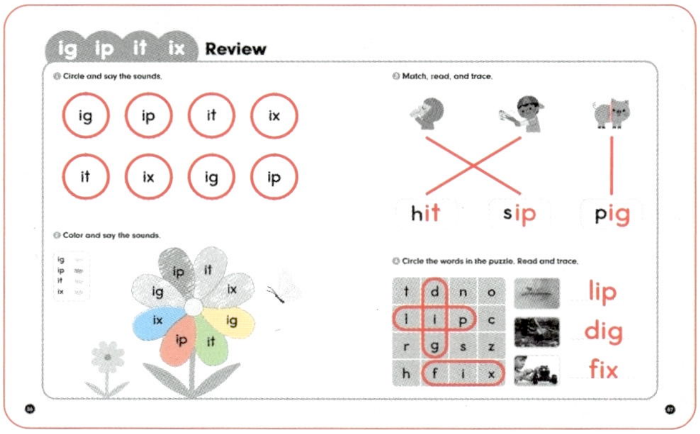

Review 4 pp. 112-113

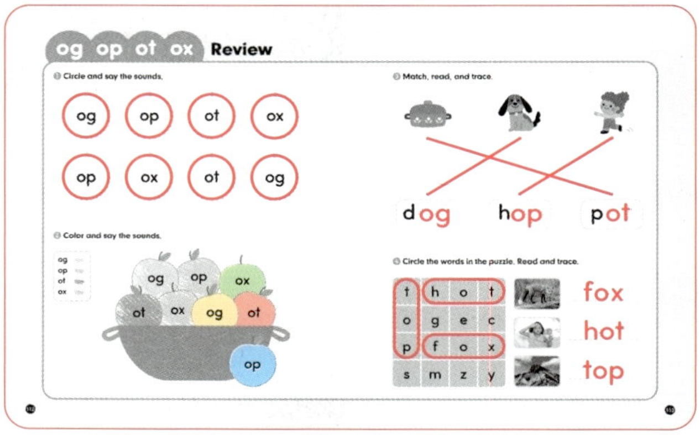

Review 5 pp. 138-139

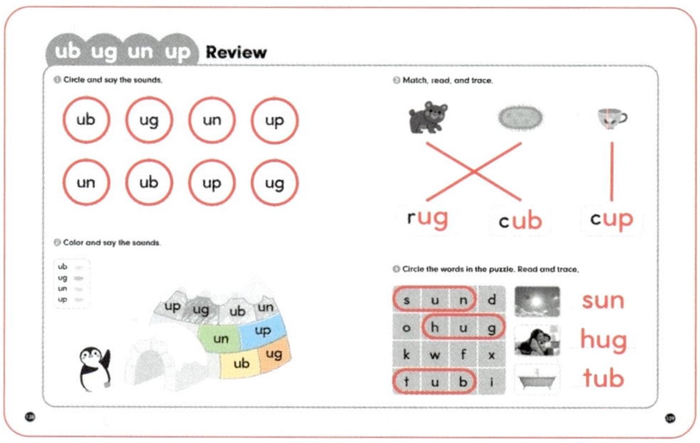

pp. 6-7 목차 스티커

a

* 자유롭게 잘라 쓰세요.

a

a

a

pp. 12-13

a m am

pp. 18-19

a p ap

pp. 24-25

a t at

pp. 30-31

a n an

pp. 6-7 목차 스티커

* 자유롭게 잘라 쓰세요.

pp. 38-39

pp. 44-45

pp. 50-51

pp. 56-57

pp. 6-7 목차 스티커

* 자유롭게 잘라 쓰세요.

pp. 64-65

pp. 70-71

pp. 76-77

pp. 82-83

pp. 6-7 목차 스티커

* 자유롭게 잘라 쓰세요.

pp. 90-91

pp. 96-97

pp. 102-103

pp. 108-109

pp. 6-7 목차 스티커

u u u u

* 자유롭게 잘라 쓰세요.

pp. 116-117

u b ub

pp. 122-123

u g ug

pp. 128-129

u n un

pp. 134-135

u p up